Pierre-Alfred BRUN

LEUR UTOPIE
ET
LA MIENNE

LETTRES POLITIQUES

PRÉCÉDÉES

D'UNE LETTRE ADRESSÉE A L'AUTEUR

PAR

M. HENRY MARET

Dès que je serai deux, nous serons dix, et vite mille.
(Lettre XXIII, à Henry Maret.)

PARIS
C. MARPON ET E. FLAMMARION
ÉDITEURS
26, RUE RACINE, PRÈS L'ODÉON

LEUR UTOPIE ET LA MIENNE

Pierre-Alfred BRUN

LEUR UTOPIE

ET

LA MIENNE

LETTRES POLITIQUES

PRÉCÉDÉES

D'UNE LETTRE ADRESSÉE A L'AUTEUR

PAR

M. HENRY MARET

> Dès que je serai deux, nous
> serons dix, et vite mille.
> (Lettre XXIII, à Henry Maret)

PARIS

C. MARPON ET E. FLAMMARION

ÉDITEURS

26, RUE RACINE, PRÈS L'ODÉON

PRÉFACE

Lettre d'Henry Maret

Mon cher ami,

Vous publiez un livre sur le gouvernement direct.

C'est la doctrine que j'ai toujours prêchée, c'est l'opinion que j'ai toujours émise. Ce n'est pas là, comme vous le dites, une idée qui a traversé mon esprit sans s'y fixer, car je n'ai jamais eu d'autre principe que celui-là, et je n'ai guère parlé d'autre chose depuis que je fais de la politique.

Vous ne vous en êtes pas aperçu, pas plus que de mes combats contre l'article 7, que vous me reprochez d'avoir voté.

Il y a dans votre livre certaines erreurs d'appréciation, semblables à celles-ci ; mais vous avez, en revanche, des pages éloquentes et dont je vous félicite, contre toutes les coteries, contre toutes les écoles, contre tous les partis.

Vous êtes dans la bonne voie, et vous nous aiderez à atteindre le but.

Il n'en est pas d'autre que la souveraineté du peuple.

Je vous serre bien cordialement la main.

HENRY MARET.

Réponse

MON CHER MARET,

Je ne vous reproche pas du tout l'article 7. Vous avez écrit contre. Et l'Extrême-Gauche a voté pour.

Ils se sont pâmés d'aise à l'exécution des décrets.

C'est à eux, que nous devons les lois Ferry, levain de police et de cuistrerie.

Laissons cela.

Merci de votre franche adhésion au gouvernement direct.

Je me résignais à dire : mon utopie.

Tant mieux si c'est la nôtre !

La pente de votre esprit y alla de tout temps, je le sais. Tel de vos articles pose très net le problème.

Mais ces articles tombent un à un, pareils aux anneaux d'une chaîne dispersée — diamants vifs, qui pâlissent sous la multitude des pierres fausses.

Ne les éparpillez plus. Lâchez l'actualité.

Ou, si vous en usez, que ce soit de loin. Servez-vous d'elle ; ne vous y enfermez pas.

A quoi bon polémiquer sur rien.

Rien ne sortira des ministères, des Chambres, des partis... même du vôtre.

Vous le dites souvent. Dites-le tous les jours.

Et ne le dites pas en sceptique.

Arborez, à la Chambre, au journal, ce drapeau de la souveraineté effective du pays, que journalistes et députés conspuent.

Vous ne serez pas longtemps seul.

C'est par bandes que le peuple des villes et des campagnes ira à vous.

Je donne l'effort. Mettez la force.

Ce but à atteindre, je ne le touche que des yeux; et vous, de la main.

S'il faut que notre France l'atteigne par moi, ce sera long. Inconnu, j'ai toute la route à faire.

Vous, non. Un pas, et vous y êtes.

Amitiés.

AU LECTEUR

Etait-ce bien utile d'écrire ces choses et d'en faire un livre?

Oui.

Utile à qui?

A moi, d'abord : elles m'étouffaient.

Et à tous.

Les lira-t-on?

Je n'en sais rien. Peut-être oui; peut-être non. Mais il fallait les dire. Et je n'aurais certes pas pris la plume, si quelqu'un les eût dites.

Car on asphyxie le public sous une avalanche de journaux.

Cela me décourageait.

Et ces journaux ne font que répéter, les uns sur les autres, deux ou trois sottises dont rien ne les détache.

C'est ce qui m'a décidé.

Ceux-ci veulent que la France se livre aux Gauches variées.

Ceux-là, qu'elle subisse la Droite.

a

Or, l'Etat de Droite n'a que deux issues : la révolution ou l'invasion.

L'histoire le dit, la France le sait.

La Gauche au pouvoir apostasie ; et on la balaie.

L'histoire le dit, aussi. La France ne voulait pas le croire ; mais elle l'a vu, revu, rerevu.

Et, par les yeux, cela lui est entré dans le cerveau.

A l'heure qu'il est, tout le monde, ou presque, en est sûr — bien que personne n'ait l'air de s'en douter.

Les journalistes sont fixés.

Les journaux, pas.

Chacun prêche ses faux dieux (les sachant tels) résolûment, et sans effet. C'est de l'effronterie émoussée. On n'arrive à convaincre ni soi, ni les autres.

D'où un accès de scepticisme, qui est en train de nous ridiculiser.

L'histoire de France n'est que ruines et apothéoses. Elle alterne l'extrême gloire et les misères. Mais, tout-à-coup, lui glisse des mains une époque ridicule.

Nous traversons un de ces moments-là.

Scepticisme de peau !

Nous croyons. A qui croyons-nous ?... à Dieu ?

Pas tous, ni de la même manière.

A la science, si.

Et à la patrie.

La Révolution française fut un prodigieux acte de foi, qui passe le Christianisme en soudaineté et en portée. Car le Christianisme dut s'infiltrer longuement, et n'éclata qu'après trois siècles.

Ceci, tout de suite.

Et au lieu que les Chrétiens désespérant de l'homme se jetèrent à Dieu et de l'autre côté de la vie, la Révolution s'appuie à nous.

Voici l'affirmation de 89 :

L'Etat de justice peut être. Il sera. Et la France se charge de le réaliser.

La France, oui, — mais toute.

Ses partis, non.

Un siècle entier mit ce point en lumière. Et l'heure actuelle achève de le démontrer.

— C'était vrai *à priori*, d'énonciation, avant et par-dessus les preuves.

Que sera-ce, preuves jointes ?...

Je les ai ramassées.

Ce volume est donc négatif. Il crève des formules vides.

Est-ce toute ma tâche ?

Non.

La moitié seulement.

Brisant les fausses clefs, je dois la bonne...

A l'Outre-Gauche, à la République opportuniste, aux Droites syndiquées, je substitue le gouvernement direct du pays.

Comment l'agencer ?...

Ce sera l'objet d'un second volume.

14 Juillet 1886.

NI A DROITE, NI A GAUCHE !

LETTRE Iʳᵉ

A Henri Rochefort

Mars 85.

Mon cher Rochefort,

Sous l'Empire, nous étouffions.

Tout-à-coup un rire sec, aigu comme une flèche, dégagea nos poitrines et fit l'air plus léger.

Ce rire venait de vous.

Le nom de Rochefort, de bouche en bouche, alla aux masses. Vous fûtes populaire, fait extrêmement rare — car la France ne se tient guère au courant de la célébrité de ses fils.

Votre rire est une des réserves du pays. — Si je cherche quel homme d'État nous reste, Gambetta parti, — je ne vois que vous.

Là-dessus on se récrie; les myopes, très aigres, me reprennent.

Et pourtant je parle sur pièces.

Mais le nom d'homme d'Etat chez nous se spécialise. Les ministres l'accaparent. Et tous ! Quiconque passe ministre est bombardé homme d'Etat. Bourbeau le fut. C'est dans l'habit.

Ordinairement court bâtis, ils s'allongent au moyen d'échasses. Ce pays leur en fournit de gigantesques. Et ils grimpent après, sur son armée, ses richesses, sa nuée d'agents.

De là, ils étonnent. — Hauts ?

Non.

Haut perchés. Ce n'est pas de même. On s'en aperçoit vite. Car l'échasse n'est qu'ajustée. Un jour ou l'autre, elle tombe; et eux avec. On avait du colosse plein les yeux, et tout-à-coup on ne le voit plus. Rouher se dégonfle, devient impalpable. Guizot aussi, et cul-de-jatte. Il se traîne boiteux, vouté — trente ans de vie à terre. — Il a l'air de piétiner dans un trou.

— L'homme d'Etat authentique le fut de naissance, et en porte sur soi les marques.

Deux externes, très apparentes :

Il est *haut d'épaules*, puisqu'on l'aperçoit de loin; *long de bras*, car il manie les foules.

Deux de fond, inimitables :

Il *dépiste* le but, et *met tout de suite la main dessus.*

— En tout, quatre signes.

Il n'y en a pas d'autres, ni moins. Et, des quatre, aucun ne peut se disjoindre.

Que les quatre vous aillent, cela ne fait point doute. Je viens de les relever sur vous.

Vous excepté, ils ne vont à personne.

Or vous n'êtes pas coté. D'autres, si; et en grand nombre. On tient des listes à droite et à gauche; elles courent pleines, ouvertes. Chacun s'y étale de toutes les lettres de son nom. Il n'y a d'exclu que le vôtre.

Pourquoi?

Je vais vous le dire.

C'est que vous vous gardez du pouvoir, comme une hermine de la boue. Pour une fois qu'on vous y enferme (au 4 septembre), vous sautez par la fenêtre. On doit en arracher les autres; il faudrait y attacher Rochefort.

Et la répugnance que vous en avez s'étend à toutes les avenues qui y mènent. — Paris vous envoie à la Chambre; il vous retrouve à Sainte-Pélagie, à Nouméa. Vous ne fûtes pas de la Commune, et n'êtes point conseiller municipal.

Un homme d'Etat se peut-il légitimement concevoir en dehors de l'Etat.

Non et oui.

La science les coupe en deux sous-genres : *chefs
d'État* et *démagogues.*

Vous êtes *démagogue* — au sens grec (qui nous
manque).

Le *démagogue* nie, s'adapte moins aux faits qu'à
la conscience, rend du jeu à l'être humain déprimé.

Les *chefs* visent la force, prennent appui sur les
organismes d'un temps ou d'une race. Ils fondent
l'histoire.

Et les autres l'assainissent (1).

Thiers était démagogue. — Nain au pouvoir, il y
grimpa tout le temps, et s'en fit chasser comme un
laquais. Mais la chute, au lieu de le dégonfler, le fai-
sait rebondir.

Il se rebiffa, combattit toute sa vie, et jusque du
fond de son cercueil, pendant qu'on l'enterrait. —
Paris suivit le corps ; et l'Europe, attentive, salua.

Ce fut un géant d'Opposition.

Il a dit : *Non* — à sept gouvernements.

Et pas même appuyé du peuple !

Du peuple, Thiers ne vit qu'une fraction — énorme,
il est vrai : la bourgeoisie, grande et petite. — Il
disait simplement :

« *La bourgeoisie n'ira point là.* »

Et les sept gouvernements sont tombés.

---

(1) Quelques-uns ont la double face : Luther abat et
fonde.

Votre attaque a plus de verve et de hâte.

Elle vient du peuple et y retourne, remuant les pavés. Vous pointez sur l'idole, à mitraille, en pleine poitrine — lançant à l'Empire sa décrépitude, à Gambetta ses mauvais desseins.

Et du coup de plume, ils éclatèrent.

Je ne grossis rien. — Les faits dictent; j'écris; et vous flatte si peu que j'aboutis à une querelle.

Nous allions vers vous, confiants; et revenions, ayant pris langue. Mais à force d'être le premier journaliste du temps, il semble que cela vous suffise.

Au lieu d'ouvrir le feu au point exact qui concentre la bataille et en décide, vous escarmouchez — mieux que les autres et en avant, non au delà.

Ne sentez-vous pas que la vogue de votre polémique, sans diminuer, s'épaissit?

La phrase charme toujours, étincelante et nue.

Mais les gens ne vivent point de belles-lettres. Ils broient nos mots et cherchent l'amande. — On se souvient de la petite *Lanterne* si vaillante et si claire, quand personne n'y voyait goutte. Une fois un nom accolé chez nous, rien ne le déprend. Sans lanterne à la main, pas de Rochefort! Pour la foule, vous êtes en caprice d'éclipse.

— Il faut bien que je dise caprice, car rien ne vous embourbe: ni le boulevard, ni les antipodes. On vous attacha dans la mer, à cinq mille lieues, sur des îles invraisemblables. — Vous revîntes à la nage, le rire aux lèvres.

Du bout de la terre vous accourez ; et, présent, vous n'y êtes plus.

A deux reprises, le mot d'ordre est parti de vous. Sept fois de Thiers, et tout le long de sa vie. — Voulez-vous que nous en fassions le compte. Il refoula :

1º Les Bourbons.

2º Louis-Philippe en recul de la Charte.

3º Les Jacobins de 48.

4º Le second Empire.

5º Le premier principat et la guerre sans base de Gambetta.

6º L'Ordre moral.

Et, pour finir la Commune.

Car il secoua les choses plus que les gens et, dans l'enchevêtrement confus, mettait le doigt sur la racine véreuse.

Thiers fut éplucheur et comptable. — Vous, justicier.

Il vous faut une tête à viser. Et, depuis la mort de Gambetta, vos traits retombent.

Vous vous ennuyez, n'est-ce pas ?

Et nous, donc !

On n'étouffe plus comme sous Badingue et Eugénie. Mais on bâille à s'arracher les mâchoires. — Nous traversons une crise intense. Aiguë ?

Non.

Morne. C'est pis. La situation se tendait sous Gambetta. Depuis, elle s'aplatit.

Quinze années maigres d'attente, de promesses, ont stupéfié la nation. Ce gouvernement exsangue l'hypnotise. Elle traîne, sans secousses, le cauchemar interminable.

Notre République prend l'air creux d'une momie.

Ce pays est plus hésitant qu'il ne se souvient de l'avoir été. On dirait un éparpillement d'âme, d'idées et de volonté. La France boit à même le découragement.

Et il semble que la tache de brume s'étende à tout :

L'art — les cinq arts — très poussés, s'empâtent dans les mièvreries du faire. Pareil abandonnement de l'idéal ne s'est pas vu depuis *la Renaissance*. Victor Hugo survit, dépareillé (1). En s'en allant, il fermera le temple.

La poésie n'est plus que rhythme et rimes. Le maître compositeur jongle avec les sonorités. Une matérialité fouillée vide nos artistes. De la virtuosité! et rien dessous, ni dedans. — Toiles, vers, mélodies ont la préciosité du bibelot. Point d'œuvre géniale! Quelques romans, et c'est tout.

En politique, rien — si, une dégueulée d'injures.

— Nous eûmes, de Mirabeau à Gambetta, une suite

(1) On a pu s'en rendre compte, hier, au déhanchement de l'apothéose. (*Note du 2 juin*).

d'hommes célèbres — très inégaux de taille et de carrure. Tel n'avait que le masque, et l'autre que des gestes. Mais ils font figure. L'histoire a pris leurs noms. La France en était fière. — Ce qui ne l'empêcha point de les secouer avec rudesse.

La voilà souple aux mains des plus petits qui l'aient maniée.

Et — chose curieuse! — elle ne semble pas plus haute qu'eux.

LETTRE II

Au même

Avril.

Est-ce exact?

Oui.

Ai-je noirci les teintes?

Non. J'atténue.

Le mal suppure, pousse en plaies — si visible et si étalé, qu'il doit être facile d'en saisir la cause. Elle vient à nous, pour ainsi dire.

Mais peu de gens la cherchent. Et, de ceux qui la cherchent, aucun ne trouve.

C'est qu'on cherche à côté. Les médecins tournent autour, l'attaquent de biais ou pas du tout.

— Et, de parti pris.

Se mettre au ras d'une plaie, l'ouvrir, — fi! ça répugne. Personne ne veut. Encore moins y plonger les yeux et la main. Nous n'aimons pas à manier le pus.

Et puis, serait-on bien venu du malade? — Le malade est une nation, et cette nation s'appelle la France.

La France et les gens de France sont pareils. Elle se reconnaîtra dix gros vices qu'elle n'a point plutôt qu'un défaut qu'elle a.

Est-ce étourderie? oui; et apathie — pour n'avoir pas à en guérir. — Amour-propre aussi. Ce peuple est décent, même à terre. Il enveloppe d'esprit ses chutes.

L'esprit sait tout, voit tout, — ne regarde pas et invente.

J'ai regardé. — Et rien de ce que j'ai vu ne cadre avec ce que j'entends dire.

On accuse volontiers et à faux les hommes, la patrie.

La patrie est intacte.

Les hommes ne sont point responsables. Un engrenage détraqué les tient et, au besoin, les dompte. Quelques-uns se raidissent — et cèdent. Imaginez-en d'autres. Ce sera de même.

Nous souffrons d'une maladresse de nos pères, qui — par le temps écoulé et les circonstances — arrive à l'effort aigu.

— On a mal orienté l'État.

1.

Aussi, de tout le siècle, n'a-t-il pu s'asseoir. Et le voilà en culbute.

Son agencement livre ce pays au conflit échauffé des groupes de Gauche et de Droite — mécanisme absurde, éreintant, et qui va fléchir. Un cahot de quatre-vingts ans en a fait sauter les ressorts. Le pays vient de jeter la Droite par terre, de peur qu'elle ne l'estropiât; et il garde aux mains les Gauches, découragé de s'en servir.

Est-ce bien ça? dites.

Vous contestez? — Je gage que non.

L'affaire éclate, et de plus en plus. Il me reste à faire le tour des rêveries dont on la masque.

LETTRE III

Au même

Gambetta sentant cette glace lui monter aux cuisses, dit à ses disciples :

« *Les temps héroïques sont finis.* »

Il oubliait Garibaldi, la Commune — et vous, perdu sur une roche.

Il s'oubliait lui-même!

Sa vie, de bout en bout, confine à la légende, et sans qu'il y faille l'estompe des siècles, ni le manteau de poésie. Les procès-verbaux tout secs ont l'air d'une *chanson de gestes*.

Il soufflette César — et la fortune le fait César.

Une injure au peuple l'emporte.

Entre temps, il a vécu — treize années — d'un acte de foi.

Gambetta crut en Gambetta! — d'où stérile, et d'autant plus héroïque, incroyable.

La France râlait.

Bismarck avait sa botte dessus, — et huit cent mille Teutons.

Gambetta leur fit face — et obstacle.

Avec quoi?

Les mains vides. — N'y avait-il plus d'armes?

Si, deux : l'appel aux énergies de la nation, que réclamaient Paris, Lyon, Marseille; l'appel à l'Europe diplomatique, qu'eût essayé Thiers. Eussent-elles suffi? Je n'en sais rien. Mais elles ont fait leurs preuves. L'une, après Waterloo, annula la victoire; et l'autre, en 93, la força.

Gambetta les jeta loin de lui et de nous.

Et seul, adossé à rien, il soutint la lutte à coups de décombres, n'y mit de forces que venues de lui.

Nous en sortîmes saignants, volés, arrachés; — et lui, portant la patrie, glorieux.

L'extrême défaite a vaincu le triomphe en éclat et en mémoire.

Qu'une hyène broie un moucheron, le coup de

dent retentit et s'éteint ; mais que l'insecte brave et fasse hésiter la gueule, celui qui a vu cela ne l'oublie plus.

L'œuvre de Bismarck reste humaine, discutée ; elle aura ses jours d'ombre.

Le défi de l'autre a sauté aux étoiles.

Et voilà comme *les temps héroïques sont finis!*

LETTRE VI

Au même

De bonnes gens, voyant le pays anémique, estiment qu'il s'est *assagi* — et l'en félicitent.

Autant dire *châtré !*

La France sage! Deux mille ans protestent — et quelques siècles avec.

La sagesse est une des rares plantes que notre sol n'acclimate point.

Il y pousse de la foi, de l'enthousiasme, de la folie.

Du recul souvent.

De l'élan toujours! — Même au recul, nous allons par saccades, et d'élancée.

De 71 à 73 — deux ans — je relève trois coups de tête :

D'abord le 18 mars, forçant Thiers à la République, ou à la guerre civile (1).

Thiers exécute Paris.

Les campagnes ripostent. — Le vote de juillet 71 annule Versailles, la met en demeure de déguerpir ou d'usurper.

Elle usurpa, toujours avec Thiers, et Gambetta complice.

Paris alors commit cette chose gaie, bête, pleine de sens, inconvenante, à la Rabelais, un croc en jambe aux sages :

L'élection Barodet.

Thiers s'y cassa le nez; et, avec lui, presque toute la Gauche.

Depuis, elle est camuse.

LETTRE V

Au même

Il n'y a plus d'hommes! dit-on encore.

J'en vois partout — trop même. Ils encombrent. Prenez Jules Ferry, par exemple! — Est-ce l'homme d'État?

(1) Notez que le 18 mars n'était pas la Commune. Il y glissa par le fait de Thiers, ici néfaste.

Non, mais sa fine monnaie.

Seul, depuis 70, il a poussé des racines au pouvoir. Dans ses plus lourdes sottises, quelle dextérité de doigts! Il est tenace; il est irrésolu, et rectifie la raideur par des volte-face. Personne ne fit plus de fonds sur la prud'homie de ses adversaires. La politique est à ses yeux une partie où l'on triche.

Faute d'atouts, il paye de mots, et en eut d'exquis. Le mensonge facile qui lui coule des lèvres est un hommage rendu à l'ingénuité du pays.

Il marchait à l'aventure, mais non pas sans boussole, et démêla l'axiome qu'*un parti de Gauche a ses réserves sur sa gauche.*

Là-dessus, il s'assit au centre, pour se donner du champ, et tout de suite s'arcbouta aux Gambettistes et à la Libre-Pensée. Etant leur droite, il les compromit. Donc coup double et triple. La Libre-Pensée est tuée à demi, les Gambettistes poussifs, et lui — jusqu'à la malechance d'hier — très ferme en selle. C'est ce qu'il appelait malicieusement la politique *des résultats.*

Il fut le clou du système, l'homme d'affaires de tout le monde — haï, indispensable. La moitié des gens qui le mordent aux jambes lui ont baisé les mains. Rien ni personne, en six ans, ne le décolla du ministère. Tombé, il restait pardessus, comme le liège dans l'eau. — Il vise l'Elysée, et y toucha presque.

Est-il englouti?

— Ses rivaux sont une fois et demie plus fins que lui.

M. de Freycinet coupe en huit un fil de rasoir. M. Jules Simon est aiguisé au point de se blesser lui-même.

Le Sénat, si chauve, a son banc d'esprit.

Rien qu'à Paris, l'esprit va en circulation indéfinie. Il donne, chaque matin, la vie à des montagnes de papier. Le déficit qui, par places, s'y remarque, n'est pas de production en moins, mais de surconsommation.

Le talent, cette mise en œuvre de l'esprit, surabonde. Tout le monde en a. S'il court aux basses œuvres ou inutiles, c'est par suite de refoulements qui le déclassent.

Engluez de bitume une terre à blé, elle séchera; nettoyez-la, tout reverdit.

L'homme est une des pousses de la nature, et la nature ne s'arrête point — nulle part stérile; stérilisée, à la bonne heure.

Le génie est toujours latent dans une masse humaine, et même éclos, visible.

Il n'y a qu'à le mettre en pied; moins que cela, — ne pas lui barrer la route.

Les époques *dites* vides ne le sont qu'aux places officielles. La foule s'enrichit d'autant et regorge. — Rien de plus épuisé d'hommes que la France royale de 1788.

Il y en eut vite un tel fourmillement qu'ils s'entretuèrent pour se faire jour.

Oh! j'entends :

« *Ces gens-là,* » dites-vous, « *avaient de la foi plein le ventre; et nous sommes revenus de tout, même ceux de nous qui ne sont allés nulle part. Ils lisaient Montesquieu, Diderot, Jean-Jacques; et nous, Pot-Bouille.*

On ne croit plus à rien. »

Ce serait la pire chute !

Ne pas croire, c'est avoir le cœur en moins ; et, à la place, un trou d'ombre par où les énergies s'évadent. Rien n'en sort, qui aille à vivre.

La vie est foi, bien plus le mouvement.

Qui a douté sera vaincu. Un organisme atteint de doute entre en décomposition. C'est la cause maîtresse des catastrophes du passé.

Tel peuple avait en lui d'intarissables germes, et dix fois plus qu'au début. — La foi partie, il a coulé en dedans.

En sommes-nous là ?

Trop de gens le disent ; et beaucoup sont près de le croire.

Il en vient de coins très sombres.

Le sceptique de guerre :

« *L'Allemagne nous battra encore, et encore, et toujours.* »

Les sceptiques d'âme, qui font la navette de dieu au diable, voltairiens affichés et cléricaux militants.

Mais la plupart ne soulèvent pas de si redoutables problèmes. Ils ont le doute joyeux.

La mode y est. On fait bon marché de soi. L'affaissement s'accepte ; le voilà définitif, enregistré. Prenez sur le boulevard un mètre cube d'air. Il donnera à l'analyse dix fois plus de vibrions sceptiques que de n'importe quel autre ferment putride.

Le fonctionnarisme même est touché. Il se débraillà sous l'Empire. La formule était alors : *Je m'en fous, je m'en surfous et je m'en contrefous.* » (1)

Une pointe exaspérée de scepticisme court les ministères, les ambassades, les gens du monde et de Bourse, le *tout-Paris* des premières, une *toute-la-France* à tenir cinquante fois dans le Champ-de-Mars.

Sont-ils vingt mille ? — le dessus du pays. Lisez : l'écume, moussant fort, s'abattant vite.

Et de ceux-là, combien n'ont le doute qu'aux lèvres ? Ils s'en habillent, et la foi reste après les doublures.

Un homme se surmène, ses yeux s'éteignent : la chair pend, flasque, va tomber. — Au dedans le cœur travaille, et bientôt il n'y paraît plus.

---

(1) Cela ne se dit plus que dans la stricte intimité.

De même, la France.

Elle était lasse. Les défaillances lui ont sauté à la peau.

Ses énergies a refont en dessous. — Une preuve de santé, en passant, et très forte :

Les peuples se parent d'esprit, mais vivent de probité. Or, pas un ne mange de ce pain-là autant que nous.

La France — toute, de tous les partis — est honnête dans les moelles. La vilenie nous répugne. Nous nous cabrons aux tripotages d'argent.

L'Europe officielle a le renom de pillerie. L'Amérique, encore plus. — La France, depuis 89, fait tache. Immaculée ?

Non.

Mais très propre.

Et vite croyante ! Elle fut, de tout temps, le tenant de la foi. Son scepticisme n'est point né des racines, mais accidentellement, et d'une moisissure. — Après l'attentat du 2 décembre, il donne tout-à-coup des pousses inconnues.

La génération de 55 à 65 en fut infectée — ni avant, ni depuis. — Ils vont sur la cinquantaine, grisonnent, s'éloignent.

D'autres s'approchent, le cœur intact.

Quinze classes ont pris vingt ans depuis la guerre. — Ils travaillent en silence, débrouillent peu à peu leurs pensées.

Je les crois fixés sur un point :

Le mépris de leurs aînés, élevés par l'Empire, victorieux de l'Empire, et qui n'ont su que répéter, en très petit, l'Empire.

Les jeunes entrent peu dans cette atmosphère d'invectives et d'impuissance dont nous tirons, depuis quinze années, la vie nationale.

Ils s'orientent à l'écart, et éclateront, faisant maison nette.

Leur rire plein de force — car chez nous le rire succède au rire — expulsera les miasmes.

LETTRE VI

Au même

La France se traîne, énervée, morfondue.

« — C'est la faute au Gouvernement ! » dit l'Opposition.

« — C'est la faute à l'Opposition ! » dit le Gouvernement.

Le remède serait simple en ce cas. Il a servi tout le long du siècle.

On triait.

Des deux Opposition, Gouvernement, on jetait dehors le pire.

L'autre marchait — et nous, avec.

Pas besoin de tant de charrues pour labourer !
Une suffit. Mais il n'y en a pas.

Ni Gouvernement ! ni Opposition !

La lacune est double. Le trou se répète, simultané, en coïncidence.

Et c'est la première fois de ce siècle-ci !

Où est l'Opposition ? — J'entends un groupe jeune, sûr de lui, maître de l'opinion et prêt à escalader l'Etat.

L'Extrême-Gauche s'évertue à nous en donner l'illusion.

La Droite aussi.

Mais personne n'imagine que l'Etat puisse passer à Droite ou aux Intransigeants.

Le Gouvernement est et restera prisonnier de l'Opportunisme.

— Encore faut-il que les gens qui gouvernent soient doués de résistance et d'initiative.

Ceux-ci reculent et fondent. — Ils ont fondu devant les Prussiens, et presque au 18 mars.

Que fait, fit et fera leur Gouvernement ?

— *Rien qui vaille ?*

Et l'Opposition ?

— *Rien du tout.*

Il est neutre ; elle est nulle.

Voici le mal, et l'explication se plaque dessus.

Car un des besoins impérieux de notre race est de s'identifier à ses chefs, et eux à elle. — Ils ne sont point les tuteurs, mais l'âme même de la patrie.

Cela ou rien.

Elle vit d'eux, ou en a dégoût, s'en délivre comme d'ennemis, et du même coup les remplace.

Nos révolutions sont faites d'enthousiasme et non de colères.

Elles acclament. — C'est l'installation joyeuse de l'Opposition en Gouvernement.

L'Opposition, chez nous, a deux aspects et deux fortunes.

En tant qu'*obstacle*, elle est suspecte. On lui veut du mal. Le Français s'en amuse. Au fond, il la méprise et la hait. Elle est à ses yeux l'anti-France.

Comme *promesse de Gouvernement*, elle l'attire ; il y va, l'enfle, et finalement l'adopte.

Chaque fois qu'un de nos Gouvernements sécha, il eut près de lui, assistant à son décès, des héritiers pleins de sève.

Les courants tarirent ; le courant, pas.

Mais ce Gouvernement-ci tombe en impuissance et en déshérence.

Il agonise, — et sans héritiers.

L'heure présente a pour caractéristique le néant de l'Opposition.

Les courants ne courent plus ; et le *réservoir* fuit.

Nous faisons halte dans un marais.

Est-ce l'échouement ?

Non certes. L'Europe verserait. L'histoire aussi. Car tous les problèmes actuels sont partis de nous, convergent à nous. — Nous biffés, où est le sens de l'époque ?

Les nations ne meurent pas en couches ; et la France est la dernière accouchée.

LETTRE VII

Au même

Voilà tout à l'heure un siècle de la Révolution Française.

Bien des gens en ont assez.

Des gens de Gauche — et plus qu'on ne croit :

« *La Révolution est faite* », disent-ils, « *n'en parlons plus* ».

Et ils se jettent au travers pour l'empêcher de passer.

A Droite, on dément qu'elle soit faite, et même qu'elle se fasse. Ils se flattent de l'avoir fourbue, matée, refoulée.

C'est aussi mal vu.

Elle n'est ni à bout, ni au bout — amorcée, seulement.

En déroute ?

Non.

En route.

Où va-t-elle ?

Est-ce au désordre ? — On le dit d'elle ; mais elle ne le dit point.

Je me fie à son dire qui, en cent ans, n'a pas varié.

Liberté! Egalité! Fraternité!

La Révolution va à trois fins de l'homme :

1º et d'accord avec la science, le mettre hors d'entraves.

2º le restituer dans son égalité ou inégalité native. — Ce sera l'aboutissement du Christ.

3º fonder l'Etat de justice, sans privilèges à aucun, ni oubli de personne. — Ceci neuf.

C'est une ère (1).

Mais ne fût-ce qu'une oscillation de l'histoire, — l'histoire, si fuyante, a moins de hâte que nous. Ses oscillations usent un siècle, puis tournent l'autre — et, entrées, l'atteignent aux deux bouts.

La Révolution est à mi-côte, au pli de la route, avec cent ans derrière et cent ans devant.

Née en 1789, elle verra l'an 1900 et presque l'an 2000.

-----

(1) On l'a rejetée ; on y reviendra. L'humanité se doit à elle-même de planter ici un jalon.

Tenez cette loi pour vérifiée, infaillible, que la Révolution, pour un siècle encore, a besoin de nous. — De très habiles gens se flattent qu'elle émigrera, quittera ce pays pour quelqu'autre. Ils n'y entendent rien.

La Révolution est née chez nous, de nous. Française d'allure, de génie, et, pour que nul n'en ignore, de nom. Nous ne sommes point avec elle juxtaposés, mais en communion.

Arrachés d'elle, nous le serions de nous.

Isolée de nous, elle périrait.

Ce fut merveille de voir un seul peuple — porter à bras tendus cette promesse géante, suer des mains et de l'âme,

Tenter l'impossible et le réaliser; puis, réalisé, le perdre,

Jeter des démentis à la vraisemblance,

Se remonter le cœur jusqu'à la nausée !

Nous crûmes à la République. — Et voici ce qui vint :

Le dix-huit brumaire.

Nous crûmes alors à Napoléon, à la victoire sans fin. — Et voici ce qui vint :

Moscou, une invasion. — Waterloo, une invasion encore.

Nous crûmes à la Monarchie parlementaire, de Droite, puis de Gauche. — Et voici ce qui vint :

Le deux décembre.

Nous nous mîmes à croire à l'incarnation populaire, et que l'héritier de Napoléon ferait masse de nous, intimidant l'Europe. — Mais voici ce qui vint :

Sedan. Et une chose non encore subie, la honte dans la défaite.

Enfin nous avons cru à la République revenue, à Gambetta. — Et voici ce qui vint :

Une rançon de cinq milliards, l'arrachement de deux provinces, l'Ordre moral, l'Opportunisme.

Il y a ici de la graine de foi à ensemencer l'Europe et une acuité de misères à désagréger dix peuples.

Sommes-nous entamés ?

A peine.

Et les autres — par nous — bien plus.

Perte.

Une province et demie, trois départements, le trentième du territoire — en partie compensés au Sud-Est.

Le Rhin perdu, les Alpes complétées.

Profits :

Une ceinture de parlements.

L'ancien régime éventré partout. La classe moyenne en possession de ses titres, et l'ouvrier en quête des siens.

L'Allemagne annexée au suffrage universel.

2

LETTRE VIII

Au même

C'est chez elle — frontières closes, que la France fléchit et renonce.

A court de besogne ?

Non.

D'outils.

L'œuvre est là qui chôme. On s'y remettrait tout de suite ; mais on ne sait de quel bout la prendre, ni avec quoi l'achever.

Faisons-en l'aveu. — Il est fortifiant et ouvre clair l'avenir.

Nous sommes à une date d'arrivée. Quelque chose se décompose en nous.

Le pays ?

Non. Ses partis politiques, — c'est-à-dire la Droite et la Gauche, dont l'antagonisme, depuis cent ans, nous ballotte.

Elles partirent ensemble, dès 89, et du même pied d'œuvre.

Une fissure coupa la France, en long, et de bout à bout. Il y eut deux France : celle de Gauche et celle de Droite.

La Gauche s'étaya à la République.

La Droite s'acharna aux faits anciens et monarchiques.

On ouvrit le feu :

La Gauche eut d'abord le dessus. — Puis la Droite (1800), et encore (1815).

La Gauche, en 1830.

La Droite, en 50.

Et la Gauche, en 70. Le balancement est symétrique.

Ce jeu de *République* ou *Monarchie* passionna les foules ; il n'intéresse plus que de vieilles gens.

La Monarchie est morte, d'anémie et d'anachronisme mêlés — ressuscitée quatre fois, impuissante à vivre.

De 1850 à 1870, la Droite moisit par pièces.

Nous l'avons vue à Versailles, plus que sénile, tuant même (après la Commune) sans faire peur, en proie à des passions blettes, archi-défunte.

En 70, il n'y avait plus que la Gauche. On alla à Gauche.

La Révolution du 4 Septembre est unanime. Il n'y fallut pas un coup de fusil. Les vaincus adhèrent. — La Gauche donna la République, et, du coup, fut vidée.

Sa défense nationale est un modèle d'ineptie et d'inertie.

Il semble qu'elle ait voulu faire le plongeon, passer la main à d'autres, se replacer sur le terrain de l'Opposition et des promesses.

Cela réussit presque.

Mais Paris s'insurge. — Les départements votent en avril et en juillet. La République revient sur l'eau — et la Gauche.

Elle n'en abuse point.

Le vote a mis les Versaillais en rupture de ban. — Une injonction, et ils se sauvent. L'acte est prêt, paraphé ; et Gambetta pour le lire.

Il le mit dans sa poche et fit — *l'Union républicaine* : une pierre d'attente.

J'insiste sur ce caractère hésitatif et décevant de la Gauche : promettre, remettre.

Il constate son impuissance à gouverner, et l'en absout.

Elle ne monte aux affaires qu'effarouchée. Il faut qu'une poussée du peuple lui force la main, l'installe.

Une fois dedans, elle recule — sort du pouvoir ou d'elle-même, lâche pied ou apostasie.

— Remontez ou descendez le siècle. Cela ne varie point.

Lamartine, d'avril à mai 48, saute en arrière de lui-même — et Gambetta, cinq ou six fois, en dix ans.

Ferry fut en recul de Gambetta.

Cavaignac, en réaction de Lamartine; Guizot, de Périer; et Périer, de Laffitte.

Dès le début en 89, 90, la Gauche défaille. Elle ne se sentit d'aplomb qu'abritée de Robespierre, et après thermidor, roule dans les fondrières, sûre d'aboutir au trou.

Elle s'y jette, en brumaire, très résignée. — Quelques parlementaires protestent.

La Gauche, pas.

En 1830, elle couche avec un roi larron — piaille tout le temps, en 48, après un sauveur, et de nos jours se pendit aux basques de Thiers, puis de Gambetta.

Est-elle donc si âpre à servir?

Non, mais à se dérober.

Le maître substitué, elle aboiera après, jusqu'à ce qu'elle l'ait mis en pièces, comme elle fit de Louis-Philippe, sa créature, et de Robespierre, son dieu.

Il y a de la dynamite en elle; la Gauche est un obus.

On troue, on démolit avec les obus, mais personne ne s'avise de leur confier un service d'intendance. — Je parlais de démagogues, la Gauche est démagogique, négative.

Elle n'a dans la cervelle qu'une affirmation nette :

La République.

2.

Et la République est faite.

— « *Pas tant que ça!* » s'écrie l'Opportunisme.
« *Je suis en train de la faire.* »

Il y met le temps.

—« *Toi! la faire? tu la défais,* » répond l'Extrême-
Gauche.

L'un et l'autre s'emballent. Il n'y a plus rien à
faire, ni à défaire. La République est entrée dans
l'air ambiant. Elle se meut en nous, et nous en elle.
— Ce débat a duré trois quarts de siècle. Le voilà
clos, et depuis quinze ans.

— « *La question n'est pas seulement mûre* », disait
Gambetta, à propos de l'amnistie, « *elle est pourrie* ».

Celle-ci est plus avant que pourrie. Elle a séché.

Au lieu que la Gauche tienne le pouvoir, c'est le
pouvoir qui la tient.

Ah! s'il se fût trouvé un organisme assez résis-
tant pour qu'elle pût se reformer contre lui en bé-
lier d'attaque, sans le fêler du premier coup!...

On se mit à fuir devant les Droites pour se per-
suader, et au pays, qu'elles existaient encore.

Les Droites naturellement s'y prêtaient.

Mais le pays brouilla le jeu, Ces tempêtes de
verres d'eau sucrée l'agaçaient. Il a rué. — Et les
Gauches averties ont bouclé l'Opportunisme.

La scène fut d'un comique navré:

Une crise de deux mois, et d'allure inédite.

La Majorité debout et l'Exécutif à terre semblent de même taille, et se regardent en chiens de faïence.

— Un duel, à l'immobilisme ! Le premier qui marche fera fuir l'autre.

Aucun ne bouge.

Mais comme, derrière la Chambre, il y avait le pays, et, autour du Maréchal, peu de monde, Mac-Mahon céda. La Chambre vainquit sans combattre, et — victorieuse — capitula, reprit Dufaure. Elle ne s'est plus démentie :

Toute à ses groupes, — loin du pays,

Acclamant les réformes mal venues, niaises, irritantes,

Se noyant dans le budget,

Bavarde, commissionnant sans cesse, inactive,

Allant à tout, excepté à l'initiative vaillante et responsable.

Elle adore Gambetta et lui mord la main ; mais obéit sans broncher à Dufaure, et rampe sous Ferry. Elle nie l'amnistie, — ne peut se résoudre au divorce ; et puis, sous pression, les vote.

Gambetta exaspéré a dit d'eux : *les sous-vétérinaires.*—Mot excessif, qui s'en prend aux hommes,

L'histoire dira sans colère :

La Chambre des fausses couches.

LETTRE IX

Au même

La gauche, au gouvernement, donne l'idée d'un mécanisme qui marche à contre-ressorts. — L'Opportunisme le sait comme vous et moi ; et, pour ne pas crouler tout de suite, il prit ses cales ailleurs, à l'opposé d'elle.

La Gauche est mobile, divisée.

Il fit de *l'Union* son mot de passe et de *la Stabilité* sa clé de voute.

On ne parle que de *Stabilité*.

C'est le mot de l'Empire, et plus fort — car il a poussé de jet. Nous faisons l'économie d'un coup d'Etat.

Une domestication savante de la Chambre a ankylosé presque tous les journaux et comités. L'herbe pousse sur nos vieilles luttes. Les principes ont éclaté ou fondu. On discute de flegme, et pour le dehors. Le budget même, question d'assiette et de crédit — si grosse — se bâcle tous les ans en trois séances, fin décembre. En 84, on l'a oublié.

Les affaires se traitent de biais, et par pointages — opinions réservées.

Chaque vote n'a qu'une valeur d'orientation:
bon avec le ministère, et détestable contre. —
M. Ranc, du geste, crée le bien et le mal. Un enfant
s'y reconnaîtrait.

Ce n'est point qu'on ait confiance aux Ministres,
mais on ne veut pas qu'ils s'en aillent. — Le Gouvernement s'appelle *Jules.* Si demain il ne s'appelait plus *Jules*, ce serait le comble de l'abomination.
Notez qu'il s'appellerait *Charles* ou *Henri*, et
qu'entre *Jules, Charles* et *Henri*, il n'y a pas l'épais-
seur d'un cheveu.

Du reste, une fois *Charles* ou *Henri* bel et bien
promu, on passerait par les mêmes petits chemins
plats pour le garder. — C'est une dévotion âpre et
dure au dogme de *Stabilité.*

Pourquoi ne s'avisent-ils pas d'affecter à la Pré-
sidence du Conseil un nom unique?

Léon, par exemple — en mémoire de Gambetta.

Puis, les trois cents honorables qui votent bien
y passeraient à tour de rôle. Ils auraient chacun
une lune ou une demi-lune de pouvoir qui suffirait
à leur bonheur—et sans faire d'accrocs à *l'Officiel.*

Ce ne serait pas seulement *la Stabilité*, mais la
permanence gouvernementale, quelque chose de
plus que la royauté simple — le Pharaon d'Egypte.
Peut-être est-ce le moyen d'amener à la République nos masses conservatrices.

Le plan n'est pas si fou. L'histoire en a tiré des épreuves. Voici la plus fraîche :

De 1610 à 1792 — deux siècles — le roi de France s'appela *Louis*. — Beaucoup de gens ont cru que que c'était le même, soudé à l'État, absorbant le peuple.

Un autre exemple célèbre est celui de *Jeannot* et son couteau.

Nous sommes les plagiaires de *Jeannot* :

Un cabinet craque, on le recoud. On change — mieux : on réadapte les pièces. L'empeigne devient semelle, et la tige, empeigne.

Ce qui était trou, une fois déplacé, sert de cheville.

Et ça tient !

La Chambre de 77 revint en 81, reviendra en 85, tourne au croupion. — Le pays ne parle d'eux ni en bien, ni en mal, signe très aigre.

Il se sent bloqué dans une impasse et s'y résigne, craignant pis. On aime mieux un lit mal fait que pas de lit du tout. Ce gouvernement faible et taquin de la Gauche lui tape sur les nerfs, mais l'entêtement de la Droite à lui mettre aux mains son squelette l'exaspère. Même dans l'énervement où on le tient, il s'obstine à la République. — C'est un point qu'il a délibéré avec lui-même, et sur lequel sa décision est définitive.

La Gauche avait la République en dot; il a épousé la dot et ne s'accroche aux jupes opportunistes qu'en amoureux transi. Un souffle le détacherait.

De qui viendra ce souffle?

« — *De moi* », dit la Droite. — On tourne le dos.

« — *De nous* », disent les Intransigeants.

On sourit.

LETTRE X

Au même

Les Gauches avancées tablent sur deux illusions :

Elles s'imaginent que le pays distingue nettement leurs petites bandes de l'énorme Opportunisme.

Criant très fort et adossées, elles s'entendent l'une l'autre. — Mais le pays est loin, dispersé, innombrable. Il ne se rapproche un peu qu'à Paris et dans les centres.

Le pays, c'est douze millions d'électeurs, et leurs femmes qui — plus ou moins — les mènent.

Cela fait beaucoup de monde et de bien des sortes, — un monde qui ne politique, ni par plaisir, ni d'habitude. Il ne raffine point, saisit nos phrases en gros, et les courants de masse.

Gauche, pour lui, signifie : République.

Voulant la République, il est allé à Gauche, et s'y tient.

A quelle Gauche ?

Il n'en sait rien. — Et quand vous le lui aurez expliqué, il ne le saura pas davantage.

La Gauche est toute tronçonnée.— Cinq coupures, rien qu'à la Chambre.

Le Centre-Gauche, si bien nommé la planche savonnée.

Le Grand U et le petit u, qui sont les tomes I et II de la bible gambettiste.

La Gauche radicale, attentive à malmener les ministres au dehors, et à ne pas les ébrécher en séance.

Et ce *groupe* envolé, perché aux frises, d'où rien ne sort que, de temps en temps, un transfuge.

Puis les Gauches bohêmes, aux noms hérissés :

Autonomistes,

Collectivistes,

Anarchistes, etc.

Combien cela fait-il de Gauches ?

Pour le grand public — une, *la Gauche.*

Il y a bien des Alpes aussi ; mais, vues du Righi, elles n'ont qu'un profil.

Le pays distingue la Gauche de la Droite, l'eau du vinaigre.

Quant à connaître de quels éléments ou infusoires

le vinaigre et l'eau se composent, c'est affaire à
d'autres. Il s'en rapporte là-dessus aux savants, et
ne demande auxdits infusoires qu'une chose (dont
il est sûr d'ailleurs) — que toutes leurs évolutions
n'aillent pas à changer la Gauche en Droite.

Du reste, il n'a cure.

LETTRE XI

Au même

L'autre chimère intransigeante est, d'un cran ou
deux, plus raide.

Ils se flattent de renforcer la Gauche, en l'ampu-
tant de ses quatre cinquièmes.

Cela s'imprime tous les jours.

Vous ne le dites guère, et je vous en félicite. Mais
on le dit à côté de vous.

On exécute l'Opportunisme tous les matins, et
sans prendre garde aux deux contreforts qui le
rendent inexpugnable.

1° Sa nécessité.

2° Son universalité.

Ce long ressort mou, sans muscles, qui vous
répugne, a l'élasticité du caoutchouc. Ses ramifications vont au-delà et en-deçà de tout. Après les

3

ramifications, les racines — au bout des racines, le chevelu.

Vous ne lui avez pris personne.

Et, à chaque session, il vous subtilise quelqu'un, ou de la Droite. — Floquet tire l'un des coins, et M. Buffet a tenu l'autre.

Un suçoir immense retourne le pays, s'appropriant ce qui est assimilable, et surtout ne laisse pas respirer les Gauches. Il en a absorbé tout le contenu organique ; de sorte que, dépiautées de l'Opportunisme, elles ne seraient qu'un fouillis de bras et de jambes — sans estomac, poumons, ni artères.

L'attaque est molle, d'ailleurs.

On se poursuit à coups de programmes! une arme littéraire — qui se charge avec des mots!

Les mots ont fait balle, je le sais bien. Mais ils ne portent plus.

Vos amis mettent en branle toutes les cloches de l'illusion parlementaire. — Ils ont battu l'air de *Constituante — Révision — Constitution violée.* Les fusils de 1830 fussent partis tout seuls.

Aujourd'hui, pas. On ricane.

Qu'est-ce que cela peut nous faire — et à vous? que la Constitution soit violée? Elles viennent au monde pour ça. Les dix ou douze précédentes y ont passé.

Et franchement, la plus belle ne valait pas le viol.

Nous vivons en 85. Le naturalisme a mordu sur

nous. Constitutions et programmes sont des feuilles
de papier, avec de l'encre dessus. Cela ne vaut pas
du papier blanc.

Et puis la gent opportuniste digère, à l'occasion,
des programmes fort épicés. Témoin celui de Belleville, que Gambetta avala et ne voulut jamais
rendre.

En eût-il fait du sang, ou de la fiente?

On ne l'a point su.

Ainsi comprise, la politique est une branche de
la prestidigitation. — Et le public, devant qui on
opère, s'en va, glacé de défiance.

Paris même, si vif, est-il en état de répéter, je ne
dis pas le 18 mars, mais la manifestation Barodet?

Je songe à l'élection municipale de l'an dernier,
bien commencée, et qui tourna court. — Elle étrilla
le Ministère et désossa l'Opposition.

Supposez les électeurs très nets. De quoi dis-
posent-ils?

Du jour de vote.

A six heures, on ferme le scrutin. A huit heures,
la Chambre est nommée. — Elle règne, ouvre ses
pupitres, et y trouve l'Opportunisme.

Vous l'appelez *Gambettisme*, et concluez:

Gambetta en moins, le Gambettisme ne fût pas né.

*Gambetta disparu, le Gambettisme doit le re-
joindre.*

C'est bien déduit et mal vu.

Gambetta ne créa rien. L'Opportunisme est en suspension dans les Gauches depuis la prise de la Bastille.

Mirabeau fut opportuniste, et la Gironde, Danton même...

Mettez au pouvoir le premier Anarchiste venu, ce sera l'Opportuniste de demain.

Vous dites : *peut-être*.

Et moi : *à coup sûr* — sans connaître l'homme; l'eussiez-vous pris d'acier, et trempé dix fois.

Il ira malgré lui, traîné, plié par la logique.

Quiconque s'avise du cercle carré qu'on appelle un gouvernement de gauche butera à ce dilemme :

Rallier les intérêts, ou *s'adosser aux principes*.

Principes et intérêts sont répulsifs et ne se rapprochent que par les dents; l'un mange l'autre. Ai-je besoin de dire pourquoi?

Les intérêts poussent au hasard — n'importe comment. — Une fois poussés, ils s'entêtent à vivre, ne veulent pas qu'on les supprime.

Et un principe est inexorable à tout ce qui le gêne.

Donc la Gauche, fille des principes, fait peur aux intérêts.

Ils la sentent hostile. C'est comme une odeur qu'elle porte après elle. Veut-elle les rallier? elle devra changer de peau.

Brusquement?

Non.

Par évolution. — Et voilà précisément l'Opportunisme !

La cure a trois phases :

D'abord un tri. — L'Opportuniste ne sacrifie des principes que l'excessif, l'irréalisable.

Il coupe sa queue.

Mais on lui demande vite des gages sérieux.

Et il ajourne tout le bloc. — C'est l'étape longue.

Nous y sommes.

On s'y traîne.

Il faudra en sortir. — Le pied en l'air n'a qu'un temps. — A force de mettre des bâtons dans les roues, elles cassent, ou le bâton.

Est-ce lui ? on a 48.

Si ce sont elles, on a brumaire.

Du coup, l'Opportunisme arrive à terme. Il n'y en a plus, ni de principes. — Rien que des intérêts. Et l'on s'y vautre.

A qui s'en prendre ?

Aux hommes légers qui mirent l'Etat à Gauche.

L'ellipse de rotation, dans ce cas, est fatale, tracée. Seul, le diamètre varie. — Ce fut dix années pour l'essai de 89 ; les libéraux de 1830 l'allongèrent jusqu'à dix-huit. Ils trient dès juillet, ajournent après Transnonain et, en 49, renient.

Je viens à l'autre route — celle qui s'adosse aux principes.

Elle est tentante, glorieuse, et théoriquement très ferme — de fait, intenable.

On ne biaise point avec les principes.

Leur allure va rigide, implacable, asphyxiante. Ils ont vite fait d'essouffler une poitrine. — Un homme a besoin de s'asseoir, de reprendre haleine.

Pût-il s'en passer, les masses ne suivraient point.

Et s'il faut un exemple, souvenez-vous de Robespierre. Paris, la France le poussaient. L'ont-elles suivi ?

En thermidor, il se retourne, appelle, cherche, et ne voyant personne, se tue.

L'impossibilité est double :

1° D'avancer.

2° De faire halte — fût-ce au delà de tout. Cet au delà, et par le fait même de l'arrêt, se trouve en deçà. Les principes relancent l'homme ; et pas demain, tout de suite.

Deux ou trois groupes lui partent du pied, le devancent, et retournent contre lui avec une âpreté décuplée par le dépit.

Ils ont soif de le ressaisir ou de l'abattre — le coupent de ses racines, l'affolent ; et, pour ne pas rester en l'air, l'homme verse.

Où ?

Dans l'Opportunisme.

Je parlais de dilemme ; il n'y en a point. — C'est la carte forcée.

On aboutit à l'équation suivante :

La valeur gouvernementale de la Gauche égale zéro, plus l'Opportunisme.

Si vous enlevez l'Opportunisme, ce sera **zéro** tout court.

Le mot me coûte. Il est dur — le seul exact. Et je le tiens de vous, en partie.

Dès 70, vos fugues me frappèrent.

Vous restiez systématiquement à l'écart des Gauches officielles et militantes, cantonné dans un journal.

La lutte effraye donc Rochefort ?

— *Oui, la lutte niaise, qui ne va à rien.*

Ce dédain m'orienta. — J'ouvris l'histoire ; elle y mit sa lueur. Et la logique, implacable, me pressait. J'attendis les faits.

Ils sont venus complets, pesants, irréfutables.

La preuve est triple maintenant, et le verdict vous monte aux lèvres.

Mais il y reste, ne sort pas.

QUE FAIRE, ALORS?

LETTRE XII

Au même

La Gauche ne peut pas.

La Droite ne peut plus. — Et elles s'arrachent l'Etat.

A quoi bon? — Une fois dedans, elles défaillent.

C'est pitié de voir la France vivante entre ces deux cadavres qui lui donnent des ordres — et naturellement, de se coucher, de ne plus vivre.

Sont-ce vraiment des partis?

Un parti ne vaut que comme cadres d'entraînement et de surexcitation.

Ceux-ci n'entraînent plus; ils paralysent. Chassons-les.

Mais où aller? et à qui? — Il n'y a personne.

— Pardon! il y a **nous**. Faisons-nous face.

Nous, c'est le peuple, le pays. Car j'entends ne rien en distraire — ni dessus, ni dessous — tout le monde, classes mêlées : la nation compacte.

Notez qu'en droit, les lois émanent d'elle.

De fait, non.

Ce fut promis, dix fois, — et point tenu.

Beaucoup de gens disent qu'on a eu tort de promettre.

Je pense qu'on a eu tort de ne point tenir, et qu'en toute affaire, le plus utile, le plus habile, le plus facile est de prendre l'avis du pays — et l'ayant pris, de s'y ranger.

J'en étais là : devant moi, derrière, à côté, éclate un fou rire.

Ma plume riait.

L'encre aussi. — La fenêtre se convulsa ; et les becs de gaz ondulèrent.

Et je vis que la gaîté explosive partait de gens qui jusqu'ici s'étaient associés à mes déductions.

Tant que je souffletai la Droite de son suaire et la Gauche de son néant, ils applaudirent. Car j'allais dans l'axe de leurs pensées.

Mais je viens de dévier.

Il paraît que l'idée de confier la France à la France même — l'idée de quatre-vingt-neuf, s'il vous plaît ? — *est une utopie énorme, à faire scandale, le paradoxe des paradoxes.*

Ces pétarades de mots me laissent froid.

Vous êtes de Paris, étincelle où la France se concentre, et moi de l'angle girondin où elle s'est bouclée.

3.

Le cerveau pousse têtu entre Saintonges et Gascogne. Les gens y sont scruteurs, hardis à nier, à croire (1). C'est qu'ils ont vu venir tant d'hommes du Sud, du Nord, de l'Est — et de la mer, tant de remous.

Nul dégagement d'épées ne vous intimide ; nul engagement d'idées ne les englue.

Va donc pour l'utopie !

Je sais des utopies de sang qui forcent les faits et avortent. Elles tuent et ne peuvent vivre. — Ainsi la chimère impériale de Charlemagne, tant de fois reprise, et, de nos jours, par Bismarck.

D'autres sont taillées à mesures justes et s'adaptent — inattendues, très réalisables.

La bonne trame de l'histoire, depuis Marathon, est faites d'utopies.

Il y a d'abord l'imperceptible Hellade qui se refuse au monstre asiatique — non seulement se refuse, mais le refoule — non seulement le refoule, mais lui fait peur, le traverse, en bandes et d'outre en outre, finalement l'ouvre et l'avale comme une noix mûre.

Voilà, je pense, un ricochet d'utopies bien venues.

Ensuite, c'est Rome qui, du roc capitolin, trace

---

(1) A tout et à tous, l'ondoyante Dordogne dit : « *Peut-être !* » et la Garonne : « *Pourquoi pas ?* »

un empire au cordeau, avec cinq cents lieues de
rayon.

Et puis, le Christ faisant taire la Grèce ; les barbares décivilisant l'Europe ; etc., etc. — utopies à
la file, dont chacune alla droit au but, et enve-
loppa son époque. Et les sages, qui d'abord s'en
moquèrent, finirent par s'y tailler un manteau.

La mienne est-elle de l'étoffe dont les peuples
s'habillent, ou de celle dont un fou drape sa ma-
rotte.

Tel paradoxe estropie le sens commun, et tel
autre ne donne une entorse qu'aux routines.

J'appelle paradoxe, moi, les syllogismes mal
bâtis, avec contradiction dans les termes, — comme
un Gouvernement de Gauche.

LETTRE XIII

Au même

J'allai en causer avec un docteur ès-sciences
politiques.

Il dogmatisa.

J'offris des faits clairs, immédiats, palpables, et
ne l'ai point convaincu — ni lui, moi.

Je vous envoie le débat, texte et répliques :

— *Monsieur,* » conclut ce savant nourri de résumés, « *un État de quelque étendue ne peut être régi avec ordre, méthode et esprit de suite, que par une tête unifiée, ordinairement appelée Roi.*

— *Monsieur, je n'en doute point,* » répliquai-je, « *mais nous n'avons pas de Roi.*

— *En ce cas, il faut une aristocratie capable, essayée et en possession. Si l'ordre y perd, d'autant gagneront la méthode et l'esprit de suite.*

— *Le malheur veut que nous n'ayons jamais eu d'aristocratie. Une noblesse, oui, brave à miracle et polie, — mais sans goût ni aptitude au gouvernement.*

Nos bourgeois y ont goût et s'en entêtent ; mais ils prennent l'attitude pour l'aptitude, et leur foule déborde trop pour se ramasser en classe d'État.

— *L'aristocratie peut, à la rigueur, être remplacée par des partis — ayant cadres authentiques et réglés à cet effet.*

— *Monsieur, il ne nous en reste plus. — Nous en eûmes deux : la Gauche républicaine et la Droite monarchiste.*

La Droite est morte d'avoir manqué son coup, et la Gauche d'avoir réussi le sien.

A vrai dire, nous ne les regrettons guère.

Elles menaient la France par secousses, de coups d'État en révolutions, — l'une et l'autre pareilles en cela que, dans l'Opposition, elles parlaient d'or, et sitôt aux affaires, se mettaient à déraisonner.

Il hocha la tête.

— *Le cas est grave. Ce manque simultané de Roi et de classes dirigeantes n'a point encore été observé en Europe.*

Il constitue un état pathologique suraigu, qui vous met presque hors de vie — et sur le bord extérieur de la politique.

— *Comment repasser la jambe?*

— *Mon cher Monsieur, je n'en sais rien. Votre peuple me fait l'effet d'un paquet de muscles à qui manquent les nerfs. Peut-être lui en poussera-t-il? Attendez.*

— *Et, en attendant?*

La sage oublia de répondre.

Et je vis qu'il tirait l'une après l'autre les cases de sa mémoire, ouvrant et repliant des formules.

— *J'ai idée,* » essayai-je, « *que le remède viendra du corps de nation lui-même.*

L'homme sursauta.

— *Ce pays n'est que malade,* fit-il, « *et vous allez le tuer. Sachez que les masses n'ont aux choses de la politique ni droit, ni goût, ni compétence.*

— *Le goût,* » repris-je, « *affecte plus d'une forme. On ne politique pas comme on joue au billard ou au bouchon.*

Les uns aiment la politique.

Les autres, non.

Mais tous aiment l'État et l'aident de leur bourse.

On lui donnerait volontiers une heure ou deux, le dimanche.

Il n'en faut pas plus.

Quant au droit, d'où le tirer? Visez-vous les terrains métaphysiques et religieux? On y perd pied très vite. Je m'en tiens à ceci, terre-à-terre : le droit découle de l'intérêt et de la responsabilité.

Qui est responsable ici?

Le corps de nation. — Et c'est son intérêt qui se débat.

Il fut question jadis et longtemps d'intérêts parallèles ou supérieurs à ceux du peuple. Les rois en avaient, Dieu aussi, et la noblesse. On sait de reste aujourd'hui que ce n'étaient que des parasites et des prête-noms. Nous sommes les seuls intéressés à nos affaires — et chacun de nous, dans la proportion exacte de son rapport à la masse.

La responsabilité des foules n'est pas moins effective, immédiate.

Elle ne s'élude, ni ne s'évade.

Un parti fait le mort au moment critique ; et ses chefs voyagent — le peuple reste. On ne le trouve ni à Claremont, ni à Saint-Sébastien. Il est bon pour payer et paye, même les fautes commises sans lui, malgré lui, contre lui.

— Il est incompétent, » vous dis-je.

— Qu'en savez-vous? L'histoire dit le contraire — et avec pièces à l'appui. Je justifie précisément la main mise définitive du pays sur ses affaires :

1° par la bonne gestion qu'il en fit et fera.

2° par la solidité qu'il y met.

Vous parliez d'ordre tout à l'heure?

Les partis, en France, ne se subordonnent point l'un à l'autre.

Au peuple, si.

Dès qu'il parle, on obéit du haut en bas.

— A-t-il aussi de l'esprit de suite? » ricana le sage.

— Chez nous, oui. Il est même le seul à en avoir. Nos partis, en alternant, divergent. Le pays va en ligne raide, inflexible comme l'instinct.

Il alla de Gauche à Droite, revint, et encore — mais l'œil au but unique, et selon que la Droite ou la Gauche s'offrait à l'y conduire. Pas un de ses soubre-sauts ne dévie.

Le professeur, répliqua, intarissable.

Il serrait les dents.

Je n'ai point su si c'était pour refouler ses mots, ou, au contraire, afin d'en savourer le miel plus longtemps et à petits coups.

Quelque chose s'était débouché en lui.

Les objections pleuvaient, grêlaient, — pas toujours d'accord, et même en démenti l'une de l'autre. Il me sembla que trente volumes parlaient à la fois.

Peu de faits! — et barbouillés d'érudition.

Rien de distinct!

Je n'avais plus la possibilité ni l'envie de répondre.

Enfin — et par une courbe véhémente dont j'admirai le raccourci — il me lança tout le fouillis en trois pointes :

1° *Ce serait le gâchis.*

2° *C'est impraticable.*

3° *Ça ne s'est jamais vu.*

— *Pardon ! ça s'est vu,* » lui criai-je, « *et pas dans un coin, en lumière — au début de la lumière, à Athènes.*

Ce petit peuple politiqua au nez et à la barbe des Géronies. Il fit ses affaires tout seul.

Les fit-il si mal ?

On le dit. Mais leur ville atteignit très haut. Et pas une ne porte si loin, en projection.

Après Athènes, Rome — dès que le moule nobiliaire fut cassé.

Retenons en passant la façon dont Rome s'y prit :

Elle disjoignit les magistratures, et subordonna le magistrat.

Chacun d'eux fut isolé, élu et à court terme. Même investis, on les tint en échec par le plébiscite.

Mais dehors, aux armées, on laissa traîner des titres vagues : le proconsul, l'imperator.

Et le chef militaire étrangla Rome.

... L'infiltration des barbares suivit de près. Elle se fit par les multitudes.

La diffusion chrétienne, aussi.

Tout homme alors prit devant lui, y rua son élan, donna pleine sa trajectoire. Le christianisme dut aux masses lourdes ce par quoi il engloba l'Occident disparate : un dogme en contradiction et l'unité d'âme.

Nos historiens relèvent ici des cadres.

On les mit fort tard; trois siècles après. Mais, placés en avant de nous, ils nous aveuglent.

L'Eglise officielle, hiérarchique, automatique, ne date que de Constantin — et encore très lâche de tissu.

De même, les barbares. — Ils viennent au cinquième siècle, ne s'encadrent bien qu'au neuvième. Et notez que l'entrée du baron, comme celle des clercs, marque le terme de l'expansion. On recule; et de deux choses l'une :

Ou l'expansion — de leur fait, s'arrête.

Ou ils ne vinrent que parce qu'elle était à bout.

Les yeux du savant s'écarquillèrent; comme si je lui eusse servi un moyen-âge de fantaisie :

— *Passons aux temps modernes,* » dit-il.

— *Soit !* » fis-je.

Dès la Renaissance, *Luther ouvre au peuple l'Eglise et les Ecritures.*

La foule envahit Dieu.

L'Europe catholique se hérisse de juges et de bûchers.

On lance des armées, des flottes. — *Elles fondirent.*

Le Christ fut coupé en deux, et l'Europe avec. Les protestants en prirent la moitié.

Elle était pauvre, décousue ; ils la consolidèrent.

Leurs maigres États n'ont pas cessé de croître, et les catholiques de décroître.

— L'essai de Luther, » objecta-t-il, « *ne fut que religieux. Il voulut être politique et ne put.*

— Resta la Hollande, que son peuple enfla de forces, d'influence.

— Cela ne dura guère.

— Elle reprit des maîtres, qui la réaplatirent. — Reste la Suisse.

L'autorité n'y sort que du vote. Et les citoyens — pardessus la tête de leurs députés — légifèrent.

— Elle est si petite ! » fit-il avec dédain.

— Pas tant ! Elle n'a point de forum, d'agora, où puisse s'assembler et délibérer la foule. Le vote y est — comme chez nous — rural, dispersé. Que la dispersion coure sur quarante lieues ou sur deux cents, cela n'en change pas le caractère.

La Suisse est même, à certains égards, moins massée que nous — et visiblement en péril de scission.

Deux cultes la tiraillent.

Trois races y vivent, coajustées, point fondues. Chacune avec sa langue — et sous l'attraction immédiate de la grande nation sœur.

Rien ne se détache pourtant.

C'est que la démocratie ne dissout pas ; elle agglutine.

Où iraient-ils, ces fils d'Italie, de France et d'Allemagne?

L'Allemagne est assujétie; la France obéit, et l'Italie.

La Suisse, pas.

Ils restent Suisses et libres. — Car on sacrifie tout à être libre, et cela à rien.

— Je vous défie de citer un État vaste et démocratique.

— En voici deux, et des gros: les États-Unis et l'Angleterre.

Il contesta l'Angleterre. Je la retins.

— L'Angleterre, dit-il avec force, *est une monarchie aristocratique.*

— Elle l'était sous le roi Jean, et ne l'est plus. La monarchie a coulé.

Les gentlemen sont assis très fermes sur leurs richesses, et jouissent d'énormes priviléges sociaux. Mais politiquement ils enfoncent, et n'émergent qu'en se raccrochant aux basques du peuple.

L'État anglais apparaît masqué d'une reine et tout enrubanné de lords et de baronnets. Ce n'est qu'un décor. En fait, l'État se résume dans le premier lord de la Trésorerie, qui n'obéit ni aux autres lords, ni à la reine.

Au peuple, oui — et de plus en plus.

Le Yankee est campé dans sa démocratie, comme

Hercule sur ses hanches. Il nargue l'Univers. Et même les gens de chez lui (1).

Ici encore, le gouvernement populaire vient de déployer une force incomparable d'assemblage et de cohésion.

Que reste-il de la guerre civile, dite de Sécession ?

Rien — j'entends au point de vue spécial de la sécession. — Est-elle faite ?

Ni faite, ni en train de se faire.

Et pourtant il y eut des craquements effroyables — dont l'Europe, à quinze cents lieues, s'étonna. Un gouvernement de nobles ne s'en serait pas relevé. La plus dure monarchie y eût mis cent ans.

Mon docteur ne répondait point. Et, à son exemple, je fis bloc des répliques :

— *Convenez que mon utopie a les reins souples.*

Athènes la mit en pratique facile. Rome, aussi ; et d'autres.

Les protestants, sur le terrain religieux ; l'Union américaine, à travers des territoires sans fin ; — et l'Angleterre, dans un empire dont le soleil fait le tour.

Voici maintenant comme elle tourne en gâchis :

Elle donna à Athènes un foyer de rayonnement qui, après vingt-cinq siècles, ne s'épuise point.

---

(1) Témoin, Grant, noyé dans son rêve.

Rome lui dut sa conquête.

J'ai dit ce que le Christianisme en reçut.

Les protestants y trouvèrent leur assiette.

La Hollande, une puissance en disproportion de ses ressources.

La Suisse, sa solidité exceptionnelle.

L'Angleterre, d'avoir pris — et gardé — la tête de l'Europe.

Et les États-Unis, de remorquer les deux mondes.

L'homme eut un bâillement, et rentra dans sa science.

LETTRE XIV

Au même

La France, jusqu'ici, se tient hors classes, sans analogues.

Est-elle libre, ou à colliers ?

Ni l'un ni l'autre. Révolutionnaire.

Elle alterne et inégalement — à la façon du dieu des Juifs, mais en sens inverse.

Il travailla six jours, pour se reposer le septième.

Elle sommeille six temps — et, le septième, besogne.

Bâtit-elle ?

Peu. — Et elle abat, d'autant.

On le lui reproche à tort. La France eût voulu bâtir. Elle essaya.

J'ai dit les essais, et l'écroulement qui chaque fois vint. — Ce fut le fait de nos partis.

Elle indiquait des plans d'une modernité large, ouverte, où tous ses fils eussent vécu à l'aise.

Ils édifièrent des fortins casematés, au profil tudesque ou latin ; leurs haines courtes s'y blottissaient, canardant l'adversaire. — Et plutôt que d'étouffer, elle culbuta les petits forts :

1° *La Monarchie de 91, à contrepoids électifs* ; — emportée au 10 août — *un an.*

2° *La terreur jacobine* ; — jusqu'en thermidor — *pas deux ans.*

3° *Le gâchis parlementaire ;* — fondu en brumaire — *quatre ans.*

— L'ouragan mollit ; ça se tasse. Les essais vont s'allonger ; les périodes s'accouplent.

4° *Napoléon Ier, ou l'Empire à coups de victoires ;* — écroulé à Waterloo — *quinze ans.*

5° *Les Bourbons, avec Dieu ;* — chassés en 1830 — *quinze ans.*

6° *La Monarchie aux bourgeois ;* — expulsée en 48 — *dix-huit ans.*

7° *Napoléon III, ou l'Empire à coups de Bourse ;* — disparu à Sedan — *dix-huit ans.*

Et cela, lestement, d'un revers de bras, à la Française.

L'Europe en reste ébahie, la bouche ouverte.

Elle n'arrive pas à accommoder ensemble dans sa cervelle que nous soyons si patients à subir un joug, et si brusques à le casser.

Nous eûmes donc aussi le gouvernement populaire, mais de passage.

Il réside, ailleurs.

Comment l'Amérique et autres l'ont-ils acclimaté?

Ils ouvrirent des bouches au peuple; — et le nôtre a un tampon sur les lèvres.

Sachant que l'exercice prolongé du pouvoir infecte l'individu humain d'un virus d'ambition, de vices et de brutalité, ils réduisent au minimum sa malfaisance.

La loi, chez eux, s'inquiète surtout de réprimer l'indiscipline des chefs.

Et nous en fîmes un paquet de verges, dont ils battent le peuple.

LETTRE XV

Au même

Au moins s'informent-ils de ce que désire la nation ?

Il y a plus d'une façon de lui tâter le pouls, et je sais des aristocraties qui s'en servent.

D'abord, la Presse.

Les arrêts de justice (1).

Et, en troisième ligne, les manifestations de la rue.

Il nous est interdit de manifester. Et le peuple ne juge pas.

On l'a mis hors du droit de juger — et avec une minutie de précautions qui défie toute surprise.

Il n'entre point au palais, et ne peut s'y infiltrer. Mais il a sa part : les gros crimes, la cour d'assises, le jury.

Et encore les jurés sont-ils triés, surtriés, parqués, tenus à l'œil et à la férule. Ils se lèvent devant les juges, et ne connaissent pas de la peine.

---

(1) Pas d'indice plus sûr — et très efficace. On a vu des arrêts tenir l'Exécutif en échec.

Reste la Presse.

— Est-elle libre en France ?

On le dit.

En tout cas, il y a peu de temps. Et ce n'est qu'un trompe-l'œil — point libre, tolérée pour toutes sortes de motifs inavouables, dont celui-ci :

On s'est aperçu qu'elle était coupée de l'opinion, démodée et de nul effet. — Que demain elle inquiète, et les coups pleuvront !

Ne sortons-nous pas d'un état de siège interminable, qui n'eut d'autre cause ou prétexte ?

Tous les bâillons sont dans la loi, prêts à servir. On vient de la refaire. Plus de cent articles ! — Deux suffirent à Bonaparte.

Et il y a déjà une annexe.

L'Etat peut aussi consulter les citoyens revêtus d'un mandat public.

Nous en avons, par cent mille.

Ils confinent au peuple de bas en haut, savent la pensée de chacun, et ne demandent qu'à la dire.

On les divisa en *mineurs* et *majeurs*.

Ceux-ci sont aux gages de l'Etat, nommés et révoqués par lui. — Un ministre ne les consulte que pour avoir raison.

Tout le reste — élu par nous est réputé mineur, incapable, tenu en laisse par les autres, muselé de la bouche et des mains, parqué dans une spL're d'activité minuscule et cadenassée.

4

Le moindre écart de fait les met en forfaiture ; et si ce n'est que de bouche, un vœu, l'Etat — bon prince, — rallonge sa férule longue, longue, et leur administre une fessée.

Cela s'appelle annuler le vœu ; on leur fait ravaler ce qu'ils ont dit.

Voilà comme le pouvoir se renseigne. — Celui de Gauche, après les autres, ni plus ni moins qu'eux.

Le procédé seul varie :

Poigne ou intrigue.

La non obéissance au peuple est résolue, primordiale, systématique. Elle va jusqu'à refuser de l'entendre.

On se crève les yeux pour jouir en paix. La veille de l'écroulement, ils disent encore — et prouvent — que le pays est avec eux.

On en a vu qui le disaient le lendemain, mais ils ne le prouvaient plus.

LETTRE XVI

Au même

On mène grand bruit du droit du vote.

Sur quoi votons-nous ?

Nous votions, quand Robespierre posa sa fameuse question : *moi ou la mort !*

Et Bonaparte : *moi ou rien !*
Et Louis Napoléon : *moi ou Cayenne !*

Les plus libéraux ne consultent le peuple que sur des noms d'hommes.

— A-t-il confiance en celui-ci ou en celui-là ?

Comment voulez-vous qu'il le sache ; et que de fois il a envie de répondre :

« *Ni dans l'un, ni dans l'autre.* »

Ce filou sera homme de tête ; ce brave homme est un brouillon ; — pour qui voterai-je ?

Si confiance veut dire parité de doctrines, où la trouver ?

Vingt questions sont soulevées. Cinquante le seront, d'ici à quatre ans. — Deux cents peuvent l'être.

Les solutions se croisent en tous sens, — et dans le même parti, d'une tête à l'autre.

Et tenant par miracle le candidat, tiendrai-je l'élu ?

Non.

Il m'échappe.

Le vote a eu lieu. — Un parti est aux affaires.
On lui met tout dans la main :
Le législatif — il vote la loi.
L'exécutif — par des nuées d'agents.
La justice : Le juge — donc les arrêts — dépendent de lui.

Naturellement il légifère, administre et juge au mieux de ses intérêts, foulant ses adversaires, c'est-à-dire une part du peuple, et souvent le reste.

LETTRE XVII

Au même

Nous allâmes de Gauche à Droite, et de Droite à Gauche.

C'est une alternance régulière, scandée.

Les partis appellent la France, et elle accourt, prompte à y entrer.

Leste à en sortir! — Car leur indignité éclate vite. Identique?

Non, en équivalence.

Les Gauches sont incapables; et la Droite, malfaisante.

On dirait qu'il y a entre elles une gageure de noyer le pays.

Lui, chaque fois, s'en tire — et, bonasse, les repêche.

Leur gérance, depuis quatre-vingts ans, n'a point d'actif.

Mais on y a englobé ce qu'il fit.

Nos historiens, qui écrivent sous la dictée des partis, ont embrouillé tout cela.

Trompés, ils mentent. — Et ce n'est pas seulement ici. Le tiers de leurs livres est fait de menteries ; et un second, de fatras.

Ah ! si l'on cessait de gaver nos fils comme des volailles, dont on veut faire éclater le foie ; et que le maître, — au lieu de ce qui est en trop et de ce qui est en faux, — leur eût conté, par le menu, la vie de leurs pères, celle des grands-pères et des arrière-grands-pères, nous ne serions pas, à l'heure qu'il est, assis en culs-de-jatte, et vous n'useriez pas votre encre contre l'Opportunisme, — car il n'eût pas trouvé d'œuf pour éclore.

On m'objecte que le pays et les partis travaillent ensemble.

Pas ensemble. A côté.

Leurs mains se croisent. Et du croisement même, jaillit un contraste qui, à des yeux attentifs, écarte et sépare celles-ci de celles-là.

Mêlées, oui.

Unifiées, non — ni indistinctes.

Il y a deux traces. Et, pour ne pas les perdre, ces fils très sûrs m'ont guidé :

1° *Le moment où l'action se passe.*

Cherchez l'œuvre du pays autour des fortes commotions. Il agit là — forcé par la syncope des partis. A mesure de l'apaisement, ils reprennent pied, et le pays s'efface.

Et puis, la France signe ses actes.

4.

Lorsqu'une poussée dépasse le but spécial des partis, ou en déborde les cadres, dites :

« *Le pays est là.* »

Comparez maintenant sa gestion et la leur.

L'utile vint de lui ; — et d'eux les sottises.

C'est le pays qui brisa l'ancien régime.

Les partis nous jetèrent dans la querelle de République et Monarchie.

C'est le pays qui trouva la formule : *Liberté, Egalité, Fraternité.*

Les partis la déchirèrent, et, des lambeaux saignants, se firent une arme l'un contre l'autre.

C'est le pays qui — pour la République et la Révolution croulantes—accepta l'abri de Robespierre, puis de Bonaparte.

Il reçut de l'un la guillotine, et de l'autre l'invasion.

— Le pays, en 1815, reprend l'orientation juste.

La Droite dévie.

Il réoriente (juillet 1830).

La Gauche dévie.

Il réoriente à nouveau (février 48).

Elle dévie encore.

Lassé, il se fie à l'héritier de Napoléon, et lui donne tout, pour qu'il n'ait rien à prendre.

L'autre répond par le guet-apens de décembre.

En 71, le pays se souvint. Il poussa un cri :

Décentralisation ! — et encore :
Tout le monde soldat !

Le groupe qui eût réalisé cela était aux affaires pour un demi-siècle.

Qu'y fallait-il ?

Six mois d'études — et deux pour l'exécution.

Un instant, on ne vit en obstacle que Thiers, archivieux. — Il en vint d'autres : Gambetta, et derrière Gambetta : toutes les rancunes, toutes les routines.

La loi militaire est sur le chantier ; elle y restera.

La loi communale et départementale est faite, refaite — et à faire.

N'ont-ils rien voté ?

Si.

La guerre coloniale et les lois scolaires. Ça surtout. C'est l'œuvre caressée, et dont ils se vantent. — Toute la Gauche a donné, l'Extrême comprise.

Réforme de détails, et à faux.

Le pays ici indiquait. Voilà des siècles que le collège lui abîme ses fils (1). On n'a tenu aucun compte de ses indications. — Il s'agissait de maîtres, d'élèves. Pour l'élève, on a consulté les maîtres ; et sur le maître, on a pris l'avis de sectaires.

Résultat prévu :

---

(1) Montaigne, déjà, s'en plaint.

Le maître pâtit; l'élève aussi. — Il continue à être bourré, échauffé, séché.

L'école — esprit et méthode — est ligotée plus serré qu'avant. Seulement la corde est laïque, — ou prétend l'être.

L'aventure qui se déroule au Tonkin rappelle pièce à pièce celle du Mexique — et notamment par ce côté que tout le monde voudrait en sortir, même les députés qui la votent et le ministère qui s'y entête.

Vous les invectivez; je les plains. Mettez-vous à leur place.

Ils donneraient gros pour que le pays les arrêtât. — Mais décemment ils ne peuvent pas le lui dire, après être partis sans le consulter.

Eux, suivre le peuple! fi!

Ils voulaient marcher devant, afin de choisir la route. — Et, du pied, ils en ramassent toutes les épines.

Une catastrophe est venue qui soufflette la France; et du coup le cabinet a croulé.

C'est l'éternelle leçon! Profitera-t-elle?

A qui voulez-vous qu'elle profite?

Aux hommes de plaisir ou d'ambition qui dépouillent M. Ferry de sa peau ministérielle pour se la coller dessus?

Quelqu'un a-t-il dit ou pensé qu'il fallût prendre les ordres du pays, et s'y tenir?

On nous conduit peut-être vers des abîmes plus creusés que Sedan. — Qui va en décider ?

Trois cents hommes irresponsables, et visiblement dévoyés.

LETTRE XVIII

Au même

Une solution presse.

Elle s'impose, comme la trouée d'un cul-de-sac. Car on s'entend plus sur rien ni à Droite, ni à Gauche. Ils votent ensemble, à mille lieues l'un de l'autre.

L'Extrème-Gauche n'a-t-elle pas l'air d'un groupe soudé ?

On est aussi divisé là-dedans que dans la Chambre elle-même, et sur toutes les mesures. Ils font, à certains jours, des efforts inouïs pour s'emboîter, et y renoncent.

Le parti aux affaires n'a qu'un objectif : y rester ; — et les autres : y rentrer. — Ne leur parlez de rien en dehors.

Une question — n'importe laquelle, et d'où qu'elle vienne — ne sera envisagée, discutée, résolue par eux qu'à ces deux points de vue, qui sont à la fois en contradiction et corrélatifs l'un de l'autre.

Deux choses s'en suivent, forcées. On les voit venir :

Le Gouvernement ne peut pas éternuer, que la gent ministérielle ne tombe en extase.

Les opposants ragent et écument de tout.

La première écœure le pays, et l'autre l'impatiente.

Une troisième lui répugne.

C'est qu'il y ait le vaincu et le vainqueur, des Français dessus, des Français dessous, et que ce soit toujours les mêmes qui abusent, les mêmes qui subissent.

De temps en temps, il donne un coup de bascule. Cela produit un immense « *ôte-toi de là, que je m'y mette* » assez drôle. — Et puis le jeu recommence, aussi bête, aussi navrant.

C'est comme un regain de guerre civile — sans fusillades, mais pas sans larmes.

On ne se tue point, on s'écorche. De méchantes piqûres :

D'épées ?

Non. D'épingles.

— Et le mal empire.

Les partis n'étaient que des bandes, vite gorgées. Leur base s'étend, ils se forment en syndicats.

Oh ! je ne jette pas la pierre à ces gens ci.

Il en vint d'autres.

Et d'autres succèderont — tous pareils.

Tant que nous aurons des maîtres — et de quelque nom qu'on les affuble — ils exploiteront notre patience et nos richesses.

On a cru que les élire serait un frein. Au contraire, c'est l'aiguillon.

Leurs appétits se ruent, inquiets — d'autant plus âpres.

Mais supposez que l'on rende au pays ses propres, et la libre disposition de soi-même.

La tutelle est finie; et aussi, les tuteurs.

Du coup, la bataille enragée s'arrête. Les partis dégorgent, ne luttent plus que d'idées. Ils s'agitent, pacifiques, dans le giron commun. L'Opinion, aux flancs vagues, les absorbe.

La majorité se fait et se défait sur chaque vote. On y entre par groupes dispersés. Ce ne sont plus les mêmes qui se coudoient. Chacun voit accueillir quelqu'une de ses idées favorites, et rejeter l'autre.

Un revers n'a ni humiliation ni découragement.

Le succès n'est point la conquête. — Pas d'oppression : plus de révoltes.

Les majorités se contiennent; car elles sont faites des *minorités* de demain.

Les minorités obéissent; car elles vont être et viennent d'être *majorité*.

La Gauche, la Droite, c'était nous, fragmentés.

Le pays, c'est nous — et bien plus : totalisés.

Nos voisins se totalisent ; même l'Allemagne, si discordante, et l'Italie répulsive à l'unité.

Est-ce une menace ?

Peut-être, mais doublée de précaution. Car la fin du siècle approche, pleine de périls.

Les derniers siècles se sont clos par d'interminables guerres.

Ils liquidaient dans le sang les idées bonnes ou mauvaises dont ils eurent l'initiative et la responsabilité.

Le nôtre a deux bilans distincts ; une double liquidation à faire :

Il a exaspéré l'armement des Etats — ce fut sa folie.

Il a posé le problème ouvrier — ce sera son honneur.

Soit, à brève échéance :

Chocs de classes et chocs d'armées. — Eclateront-ils ensemble ou séparément ?

Se fondront-ils en un ?

Y a-t-il espoir de les conjurer ?

Questions pleines d'ombre ! et qui se résoudront par nous, ou contre nous.

Formons-nous en carré.

La France est trois fois une.

Elle a l'unité de territoire, l'unité d'Etat et l'unité de mœurs.

Joignons-y l'unité d'âme.

Qu'y a-t-il entre elle et nous? deux partis; pas même : leur ombre.

Soufflez dessus.

En 70, sous la pression des revers, l'unité se fit presque.

Ce ne fut qu'un éclair, une date. — Le pays voulait la paix; et, les Gauches s'y refusant, il nomma des droitiers.

La Gauche posa très nette la question, disant aux Droites :

« *Le pays veut la paix? soit! elle est faite. Il n'y a rien autre dans vos pouvoirs.* »

Que la Droite lui ripostât :

« *Le pays veut la République? soit! elle est faite. Il n'y a rien de plus dans vos pouvoirs.* »

Et les fictions crevaient, démasquant le souverain. Nos partis s'enferraient, et tombaient en gloire.

Ils se traînèrent jusqu'ici, ne donnant d'œuvre que d'aboyer l'un contre l'autre. — Quinze années perdues! et à doubler — le recul en plus — trente ans d'écart!

Heureusement que la France va par bonds.

Vous m'avez dit que je ne changerai pas toute la politique, à coups de plume.

Moi? non. Je ne suis personne.

A nous deux, si.

5

Vous vous attardez à des duels d'antichambre.

Le beau coup de démonter Ferry — après deux ans, et déjà remplacé ! Laissez les feuilles. et abattez l'arbre.

Il n'a qu'un tronc et un nom : la Gauche — qui, ayant vaincu par nous, perd la tête, se figure avoir vaincu pour elle.

Le pays en ressent du malaise, et une colère sourde, dont la cause lui échappe.

Dites-la-lui, vous. — Il tressaillera aux quatre angles.

DE L'HOMME D'ÉTAT...

LETTRE XIX

A Eugène B......

Mai.

MON CHER EUGÈNE,

J'y reviens, ou plutôt on m'y ramène.

Le nom d'homme d'Etat traînait sur les plus basses épaules. En l'appliquant à Rochefort, j'ai cru le réhabiliter.

Il paraît que je le prostitue.

Ce ne sont pas seulement les myopes qui crient — les presbytes avec. Et tu sais s'il y en a.

La vue nette, chez nous, a besoin du recul (1).

Rochefort, à Nouméa, eut un relief démesuré. Il y mourait illustre. — Son retour coupe l'auréole.

« — *Et ceux de Paris ?* » objectes-tu.

— Ils sont si minces ! Nous ne les distinguons

_____

(1) Le Français est presbyte ; l'Anglais, myope.

qu'à la loupe. Il y a vraiment recul; pas de lieu, ni
de temps — de proportions.

L'autre, énorme, est sur nous, crève les yeux.

Et on ne le voit plus.

Je débute mal — par une incartade. Mes amis
sont navrés, ou en rient.

« — *Coupez ça!* » m'a dit le plus franc.

J'ai l'air d'un original qui va dans le monde en
bras de chemise.

Aussi la presse m'a battu froid. Pas un bout de
ligne — ni bien-venue, ni critique.

Dont je fus penaud — car j'y comptais.

D'abord, on me l'avait promis — ceci est naïf —
et puis, on ne le refuse à personne.

A moi, si — et net.

Ils n'ont pas tort.

Je détonne. — Outre l'inconvenance, j'arrive à
contre-jour. Rochefort est en train de se replier, et
je le surhausse. Ça les assomme. Un éreintement, à
la bonne heure! Ils en auraient parlé.

On me l'a dit, et je le crois. Que veux-tu? C'est
l'angle, par où cabot et journalisme s'aboutent.
L'écart de vanité y est le même.

Ils n'ont qu'une place: la première. Chacun y
prétend.

Rochefort, qui visiblement l'occupe, la leur vole
à tous; et, plutôt que de l'appeler homme d'Etat,
ils écraseraient leur plume.

De l'attaquer, ils se retiennent — craignant ses griffes. Si ameuté qu'on soit contre une torpille, on ne lui envoie pas de coups de pied.

Bref, mon homme d'État me reste pour compte.

Une dame m'écrit de province qu'il est charivarique.

Ceux-ci l'accolent à Veuillot — un pître d'église, endiablé de verve courte, et qui n'a laissé d'œuvre que ses crachats.

On a été jusqu'à me dire :

« — *Mais alors, Voltaire aussi serait homme d'État.* »

Je fus étourdi. — Voltaire nié, rue Montmartre ! Et si tu savais par qui ?

Un garçon né de sa graine, à coup sûr, tout esprit, rien qu'esprit.

Et je ne sais ce qui me choqua le plus, de la négation ou du rapprochement.

On m'accuse de surfaire Rochefort. Je te prie de croire que je ne l'ai jamais vu qu'à mi-échelle, et Voltaire tout en haut.

De ce que j'ai avancé, que nie-t-on ? Tout, ou partie ? et laquelle ?

Que l'homme d'État soit circonscrit par quatre signes ?

Les foules aperçoivent Rochefort. Je l'ai dit. Est-ce faux ?

Il les manie.

Est-ce démenti? — ou ceci : qu'il dépiste le but et nous y mène.

« *Il ne sait qu'abattre* » me crie-t-on.

Ne l'ai-je pas dit? — et plus exactement. Démolisseur?

Non.

Démagogue.

Un démagogue ne fonde guère. Thiers, qui le fut, n'a rien bâti. En est-il moins homme d'Etat? — Il essaya de bâtir, échoua, fut piteux.

Rochefort est ici de vue plus nette. Point inférieur, au-dessus.

Mais les gens se font malaisément à l'idée que la destruction soit un acte.

En quoi, ils se trompent. Qui déblaie, fait œuvre — et d'Etat, s'il déblaie l'Etat.

J'accorde que tous les agitateurs de foules ne sont pas des hommes d'Etat. Agiter n'est pas conduire. Il y a de pseudo-démagogues, comme de faux chefs d'empire.

— As-tu lu, dans *Germinal*, ces pages dures et superbes où la *mine* irritée roule en zigzag?

Sa spirale cingle les horizons plats du nord. — Tordue, irrésistible, ahurie. — Ici, elle hurle ; là, elle incendie. Elle se casse, se ressoude — battant le vide.

Où va-t-elle?

Elle n'en sait rien, ni ceux qui la mènent.

Je le sais donc ! — Lorsqu'une foule en marche évite le point d'arrivée, deux points d'arrivée courent sur elle : la lassitude, l'écrasement. — Ils la prennent en queue, en tête, et l'immobilisent.

Rochefort ne nous lança jamais que sur une piste définie et à portée.

On le croit virtuose. C'est un utilitaire. — Sa manière, un peu sèche, l'indique.

Il n'estime de la gloire que le succès, et n'a jamais levé un lièvre sans le tirer.

Or il en abattit deux, de grande taille : Gambetta et Napoléon III.

Je sais qu'on les lui dispute.

Qu'est-ce qui n'a pas un peu tué Napoléon III et Gambetta ? Tous ceux qui étaient de l'affaire veulent l'avoir menée.

Il fut le chef d'attaque.

Contre Gambetta, pas un n'osait. — Il osa.

Sous l'Empire, personne ne voyait le point de cassure.

Il mit la main dessus. — Reporte-toi à vingt ans.

Tout le long et jusqu'au bout de Napoléon III, l'Opposition barbotta. Beaucoup s'engluaient au maître. D'autres tâchaient de l'engluer — de le libéraliser, comme on disait alors. Les meilleurs se tenaient à l'écart, haineux, farouches. Cela l'étayait, le grandissait, — en France, en Europe.

Rochefort se moqua de lui.

Il toucha le pied d'argile, et l'écrasant sous ses doigts, en jeta la poussière au peuple qui fonça dessus.

De même, en 80, sous Gambetta.

Car Gambetta aussi se fit notre maître. Il lia très habilement sa partie, au-dedans et au-dehors, se collant à la France.

L'Outre-Gauche, les Centres, la Droite s'ameutaient après lui — aboyant ou bavant — sans mordre.

Rochefort l'empoigna, et l'abattit.

Note qu'il rentrait d'exil, après dix ans. Tout était changé.

Et, quand même, il vit clair — porta un coup droit et double :

1° Contre le scrutin de liste.

2° Contre la mission Thomassin.

Cela stupéfia, ébahit.

Personne ne voyait ; et — voyant — n'eût osé.

Attaquer la mission Thomassin ! barrer la route au drapeau !

Il barra.

Nier le scrutin de liste ! — n'était-ce pas casser un dogme des Gauches ?

Il nia, cassa, entraîna et vainquit. — Le dictateur creva en herbe.

Voilà pourquoi je ne veux pas de leur mot ignoble, impropre.

L'ivrogne qui force une clôture est un démolisseur.

En restituant à Rochefort son titre d'homme d'État, je défends Gambetta et Napoléon III. — Leur mémoire gagne-t-elle à ce qu'ils aient été défoncés par le premier venu?

La France, à deux reprises et toute, sentit l'homme d'État en Rochefort.

Mais la France court, et elle a vite fait d'oublier.

J'avoue que depuis il se rapetisse — et je le lui ai dit.

Il baguenaude dans les chemins de traverse, tire aux chauve-souris et fait buisson creux. Chaque jour le défamiliarise des foules; et les foules, de lui. — Il semble presque aussi enterré que Gambetta.

Et pis, mort vivant.

Mais que demain une idole s'élève, et Rochefort se redressera tout à coup de même taille, la colletant, l'étranglant de ses doigts d'acier. Et personne n'en sera surpris. — Ils s'y attendent.

Donc je vis ce lutteur inoccupé, en grève.

Et, d'autre part, une besogne énorme attendait. Elle valait l'athlète, et je la lui tendis.

« — *Quelle besogne?* » dis-tu.

— Nous désobstruer de la Gauche.

En quelques coups de plume, il l'eût fait. — Il se dérobe, et je passe pour fou. Le suis-je?

Eh! non.

5.

L'enjeu valait le risque.

J'échoue, soit ! je devais échouer, — le mettant aux prises avec une abstraction. Car la gauche est chose abstraite, et il n'accepte que des adversaires à face d'homme.

Peut-être lui faut-il la matérialité de l'obstacle — et, pour se mettre en verve, un profil d'ennemi ?

C'est un spécialiste surspécialisé.

En tant qu'homme d'Etat, démagogue. Et, entre les démagogues, duelliste.

Il ne m'aura servi que de point de repère. Et ici, bon gré, mal gré.

Je l'ai redressé de toute sa taille, afin de mesurer les autres.

Pas un ne lui va au coude.

Je le sais haut et les trouve petits.

Mais si tu le vois court, ils doivent te sembler imperceptibles.

Pas de signes, sur eux ! — et, à la place, des trous.

X... est un colosse de couloir. — Mais il fond à l'air, et reste inaperçu des foules.

Une grande notoriété porte Y...

— A quoi ?

— Il attend. Le peuple compte sur lui, et il compte sur le peuple.

Z... a peur du but

K... hésite entre deux ou trois, prend le vent, les joue au doigt mouillé.

Q... part tout de suite — mais sans savoir où il va — Arrivera-t-il ?

Veux-tu des noms ?

Chaque lettre de l'alphabet m'en offre dix, vingt, trente, — tous, hommes d'Etat en circulation, cotés, ayant cours.

Je parlais de signes ; ils n'en ont qu'un, et le même :

Etre, avoir été, devoir être ministre.

On coiffe du nom d'homme d'Etat, n'importe quel imbécile, pourvu qu'il ait, ou ait eu ses entrées dans l'Etat.

En vérité, je te le dis, l'homme d'Etat nous manque — et c'est de loin.

Ils abondent partout. Ici, non.

La France en produit peu — et rarement toute seule.

De ceux du siècle : Thiers, les deux Napoléon, Morny, Gambetta, — avec Rochefort, six — s'il y en a un septième, je ne le vois pas — aucun n'est pur Français (1).

---

(1) Lui, si. Exclusivement de nous, des ongles aux dents, et Parisien, comme Voltaire — à ce titre, aimé de tout le monde, même de ceux qui essaient de le tuer.

A ce titre aussi, négatif.

Thiers, si délié, a des gouttes de sang grec.

Mi-tudesque, mi-créole est de Morny; et son frère, archi-juif.

Bonaparte vient de Corse, ou de l'Italie génoise.

Et de Gênes aussi, Gambetta.

Mais la France, en corps de nation, prime tout.

Pas de mère plus haute, et ses fils sont noués (1).

Est-ce elle qui les noue?

Peut-être. — Qu'entend-on par hommes d'Etat?

Des pétrisseurs de peuples.

Il leur faut un peuple qui se laisse pétrir, et que ce soit de la matière lourde — une masse, lente à agir, à comprendre.

La nôtre est fluide — échappe, et sait.

Fais le tour de l'Europe.

L'Allemagne suit ses chefs, — de même l'Angleterre, l'Italie, etc.

La France remorque les siens.

Pas un jour du siècle, ils ne furent en avant d'elle.

S'en rend-elle compte?

Oui. Non. — Par intervalles.

Et eux?

Tout le temps. — Aussi lui mettent-ils des entraves.

Qui?

---

(1) Il ne s'agit que de l'aptitude politique.

Tous, et chaque.

De Gambetta à Louis-Philippe, de Bonaparte à Robespierre, — pas un qui ne l'ait estropiée à son usage.

Sous eux, elle boite.

Et, libre d'eux, bondit, court, vole.

Vérifie le fait. — Il conclut.

LETTRE XX

Au même

Pour un mot, tu me crois en colère, et que j'en veux aux journalistes.

De quoi?

Ils ne m'ont ni vu, ni lu. Mais avaient-ils le temps?

J'eus la maladresse d'être édité un jour de crime — une vieille dame, égorgée par son valet. C'était peu.

Ce fut assez.

On en oublia Ferry et sa culbute.

Comme j'allai vers la presse, toute la presse alla à Marchandon.

« — *Et après?* »

Après, mon cher, j'étais classé.

Une brochure naît, et tout de suite meurt. A peine

en feuilles, elle sèche. On en parle avant, ou pas.
L'encre rancit vite.

Les journaux muent.

As-tu remarqué de quelle allure contrariée ils
battent le boulevard ?

Leur polémique traîne la mode d'il y a seize ans.
— Et le reportage court, effréné, extramoderne.

Car notre presse ne vit que de reportage — courant après le public, et le public après elle. Chaque
fait-divers prend des valeurs insensées. On nous
sature de curiosité et d'indiscrétions.

Il s'attachèrent d'abord aux filles en vue, à la
crapule élégante. — Cette série est close.

Le reporter ne va plus par là.

Il hante à présent les cours d'assises, la Roquette,
l'échafaud — et surtout le lieu du crime.

On aime le sang tiède.

C'est encore la piste du vice — mais pimenté de
larmes.

L'assassinat a été mis en coupe réglée et donne
des dividendes. Le pauvre diable qu'un filou assomme pour lui voler trente sous ne se doute pas
de tout l'argent qu'il va distribuer. On bat monnaie
avec l'assassin, la victime et les policiers.

Cette affaire Marchandon, si plate qu'en s'y mettant tous ils n'ont pu la gonfler, a eu des articles de
tête.

Je ne prétends pas que ce que j'ai écrit vaille ce
qu'a fait M. Marchandon. Mais j'estime qu'en donnant deux cents lignes à ce grand homme et dix à
ma brochure, la proportion était gardée.

J'admets que le journalisme ait pour unique but
d'exploiter la névrose parisienne. — Paris n'a-t-il
de nerfs que pour les émotions boueuses ?

Si émincie qu'on lui fasse sa cervelle, il lui en
reste.

Et, ne fût-ce qu'à titre de reportage, l'idée qui
passe vaut un article.

J'en émettais une.

Il y avait peut-être plus d'esprit à le dire qu'à
le cacher. C'est une dette professionnelle, — et qui
se retourne. En payant, ils devenaient mes créan-
ciers. Je reste le leur.

Et il leur en eût coûté si peu ! — quelques mots,
ceci par exemple :

*« On a longtemps bassiné le public avec des points
de doctrines qui ne sont ni de sa compétence ni de la
nôtre.*

C'est démodé.

La politique évolue ; et nous, avec.

*Nous inaugurons la presse positive, bornée à deux
fins :*

*1º Quand l'État n'est pas de nos amis, mordre les
ministres au nez, à la fesse et au cœur, jusqu'à ce
qu'ils lâchent le morceau.*

2° Abêtir les gens de cet axiome que la France est totalement perdue, si elle va à nos compétiteurs, et totalement sauvée, si elle vient à nous.

Or voilà un Monsieur qui fourre dans le même panier les bons citoyens de notre bord et la clique des autres groupes. Il soutient que tous les partis éreintent également la France — de quoi nous convenons avec lui, mais seulement en ce qui concerne nos adversaires.

Il conclut à la mise en fourrière de la Droite et des Gauches, ne parle que de l'intérêt de tous, fait bon marché du nôtre, se figure que nous sommes d'humeur à lâcher les positions acquises et conquises.

Ce Monsieur est évidemment un original. — S'il dit juste, nous pataugeons. Si c'est nous, il est toqué.

Je vous le présente — faites-en ce que vous voudrez. »

Là-dessus, ils passaient, légers.

Ils passèrent, lourds — piétinant l'idée, l'enterrant vive. Chacun y alla de sa pelletée.

A quoi bon ? — Ce qu'on met sous terre, y germe.

Rien ne souffle sur les idées, pas même le silence. Celle-ci, inaperçue, reste offerte — et tôt ou tard circulera.

La trouvera-t-on valable alors ?

Ceux qui, de parti pris, passent à côté, n'en savent rien. Elle n'existe pas pour eux, et ils ne comptent pas devant elle. L'incognito est réciproque.

J'ai relevé des faits décisifs.

Qu'on en prenne d'autres — nous comparerons. Jusque-là, je m'y tiens.

La crudité de mes affirmations te choque.

Donc, j'ai tort — ou toi.

Qui sera juge?

— Les preuves. — Eh! non. A l'heure qu'il est, on ne prouve plus.

Ça *scie* les gens.

— Est-ce qu'on raisonne encore?

Certes.

L'article est brillamment tenu par les normaliens. — Car le normalien pullule. On en a mis partout, et ils suffisent. C'est à croire qu'il y eu des années où la terre ne produisait que ça.

Ils se sont abattus sur le journalisme.

Leur bande erra longtemps autour, s'infiltra par les *revues*, et descendit en monôme — l'un croché à l'autre.

Et les natifs, par la pression, reculent, se raréfient. L'autochthone — né de l'encre d'imprimerie — n'habite plus que les cimes perdues.

A vrai dire, je ne crois pas que des cimes on le déloge.

Du reste, oui. Et c'est fait.

La colonie scolastique exploite sa conquête, à la façon des rongeurs, s'y engraisse, la dessèche. Propres, corrects, de linge et de style, ils stérilisent la presse et lui font honneur. Le monde les accueille.

Sous leur férule aimable, un doux ronron émascule
nos classes lettrées. Il n'y a plus d'empoignades
d'idées ; — d'hommes, si ; et on tape dur. Sur les
idées, ils glissent ; et les ont tant frottées, huilées,
vernies, qu'elles en perdent la pointe et le tran-
chant. Chaudes et molles, chacun les pétrit comme
des cataplasmes.

Le normalien n'écrit ou ne parle que pour briller,
nullement pour convaincre, encore moins pour être
convaincu. Il l'est à sa manière, — d'une conviction de peau. Il eût pris aussi bien le contre-
pied.

Son intelligence, désossée jeune, reste fluide,
va à tout, n'adhère point.

Ont-ils de l'esprit ?

Les uns, oui — et beaucoup. Les autres ont l'air
d'en avoir : un esprit plaqué, sans racines, qui
fleurit à l'Ecole. Ils sortent de l'Ecole, habillés
d'esprit, comme le prêtre sort du séminaire, habillé
de vertus.

Cela les déséquilibre. — Quelque chose a poussé
en eux, estropiant la nature.

C'est une sorte de clergé sec, qui subjugue le
laïque, pèse dessus, mais ne peut se l'assimiler, ni
eux à lui.

Ils sont impénétrants, impénétrables — et se
garent de toute discussion. Un normalien spirituel
n'écoute que lui-même.

Les autres écoutent, n'entendent point, et répètent.

Une théorie s'offre. Ils lui demandent ses témoins — pas de preuves. Ils n'ont que faire des preuves, et n'en admettent qu'une : le succès — qu'il s'agisse d'idées, ou de chevaux de course.

Par eux, un journal s'étire en chroniques, et les salons retentissent de propos. Le tout, à base de préjugés, poivré de blague fine. C'est hygiénique, point fade, pas trop piquant. On avale ça comme du Laffitte, et on s'en trouve bien.

Qui insiste, détonne, force le propos, est inconvenant. On ne discute point une inconvenance.

— Et avec qui discuter?

Ils sont tous d'accord. Leur masse se compte, et en impose.

Pas à moi !

Combien — là et ailleurs — ne valent que par le coefficient !

Toute agglomération est-elle totale ? je le nie.

Les vérités s'additionnent.

L'esprit, non (1).

Ne me parle pas de rompre, ayant raison. C'est le bon combat :

_____

(1) Encore moins les sottises.—Elles rentrent l'une dans l'autre.

Seul contre tous, — appuyé au vrai !

Je ne sais pas de tyrannie plus bête que celle des gens d'esprit.

Voilà des années qu'elle m'excède, et de voir la vérité baisser le nez, comme un enfant passé aux verges.

Une idée me vient — que je fouille. Je la passe au crible serré des objections. Elle résiste, me dompte, m'entraîne.

Et tu veux que je batte en retraite devant quelques répugnances?

— Un préjugé passe ; tu lui ôtes ton chapeau.

Les passions s'étalent ; je me range, et tout le monde.

Devant la vérité, non. On l'assourdit d'injures. A moins que d'elle on ne rie. — Qui ? des gens légers, ou distraits.

Elle s'excuse, et s'en va.

Pas celle-ci.

Elle se rebiffe, et je ne la lâche point. — Je l'ai vue sortir vivante des faits. Elle a forcé ma conviction.

Nous attendons le démenti.

L'OUTRE-GAUCHE

LETTRE XXI

A Henry Maret

Hé! oui, MON CHER MARET, le gouvernement direct! la démocratie pratique et pratiquée.

Voilà un siècle que l'on tourne autour, sans y entrer.

Nous y entrerons, et de plein pied.

Comment?

Par la spécialisation de tout mandat ou emploi public.

La souveraineté est indivisible; elle ne saurait donc être transmissible.

N'en égarons plus des parcelles dans un portefeuille de ministre, et sous les pupitres de nos députés.

Je la veux, toute et en activité, dans le corps de nation — afin que le droit de tous y garantisse les droits de chacun.

C'est ce qui nous tirera du gâchis. Cherchez, fouillez. Il n'y a rien autre.

Et notez que les gens le savent, puisque personne ne va à rien — si désabusé que l'on soit de la solution en cours, et de celles offertes.

La mienne est-elle neuve ?

Pas même inédite. Et je ne la donne point pour telle. — Trouvée ?

Non.

Retrouvée.

— Teniez-vous à de l'inédit ?

Y en a-t-il ?

Et où ? — Du printemps même, nos pères disaient : *le renouveau.*

Tout a eu lieu.

Nul ne crée l'atome. Que cherche la nature dans ses gestations ?

Des redites. — L'élément, diversifié, demeure identique, et ne semble neuf qu'aux yeux qui ne l'ont point encore aperçu.

Nos idées vont de même.

Une vibration — dont on ne sait ni la cause, ni l'étendue, ni l'intensité — les communique au cerveau. Peut-on dire d'aucune qu'elle vient de naître ?

Sont-elles même nées d'un coup, et dans un coin spécial ?

Chacun de nous saisit la sienne au vol, et personne ne les invente. Celle-ci, que j'ai faite mienne, a peut-être traversé dix fois votre esprit.

Elle ne s'y est pas fixée, voilà tout.

D'autres que moi l'ont fixée, et ceux : dans les faits — les gens d'Athènes, de Rome, de Suisse, d'Amérique.

Si je la tiens de quelqu'un, c'est d'eux.

Ils l'ont vécue. — Et, par eux appliquée, elle riposte à qui la nie.

« — *Voyez. Je marche.* »

LETTRE XXII

Au même

J'ai reçu peu d'adhésions.

Des querelles, si — et de vos amis.

On m'accuse d'injurier l'Extrême-Gauche et de conclure comme elle.

Ah! mais non! pas du tout. Je proteste.

Ni ceci, ni cela.

Je ne l'ai point écrit. Vous l'avez lu. Est-ce ma faute, ou la vôtre?

La mienne, probablement. — Et je rectifie.

Pour ce qui est des injures, je n'y touche ni de près ni de loin. Jamais elles ne me montent aux lèvres.

L'invective a du bon, et fit parfois œuvre utile. Je ne la déconseille à personne, et l'ai même glorifiée en Rochefort.

Mais qu'il y faut de flair et de tact !

Un *attrapage*, en tant que démonstration, est très contestable.

Pendre quelqu'un, voire un ministre, ne prouve pas qu'il fût pendable.

L'injure a ce vice d'être une exécution sommaire.

Aussi vous en abstenez-vous. — Moi, de même.

Discuter, oui — et à fond.

Déshabiller tout et tous, jusqu'au nu. Mais je ne fouette point.

Fussé-je d'humeur à fouailler, ce ne serait ni vous, ni les vôtres.

Les vôtres, mon cher Maret, sont un peu les miens.

Par un bout, je ne me détacherai jamais d'eux.

Ils se réclament nettement de la Révolution, visent ses suites et corollaires. Ceci nous lie.

Mais ils s'y rendent par un chemin qui n'y conduit pas.

Je bifurque.

D'eux à moi, l'accord n'a pu se faire sur la tactique.

En évolution ? si.

Je reste de l'école et sors du groupe.

Car vous autres, accrochez l'Etat à l'Extrême-Gauche.

Et je le tiens strictement hors des partis — pour bien des raisons, dont celle-ci :

Ils en mésusent et s'y blessent.

— Lesquels ?

Tous.

Le vôtre aussi. Je ne l'excepte point.

Mettez que ce soit lui qui se blesse, et les autres qui mésusent.

Donc — et à revers de vous — je l'exclus de l'Etat.

J'y accroche la nation, tout le monde — même les sots — qui de tout temps, croyez-le, s'y accrochent d'eux-mêmes.

Je me fie à la masse profonde — fort obscure.

Ce n'est pas grandiose.

L'idée rase le sol, terre à terre. Il n'y fallait point de génie, mais du sang-froid et de la sincérité — la ramasser ; elle traînait.

Ce n'est rien, ou presque — et tout : l'œuf de Christophe Colomb.

On jette l'Etat sur sa pointe aiguë. — Je casse le bout :

Comme ça, il tient.

Sans ça, il tombe.

Nous visons une même fin.

Mais vous y allez à travers champs — route intenable pour qui n'a pas d'ailes.

Je suis le sentier. J'arriverai tard. — Et vous, pas.

Vous portez à gauche.

Je pointe en face.

Vous appelez au Gouvernement les purs — et moi le pays, fort mêlé. Votre polémique a pour objectif : la mise en œuvre de l'Etat par les cadres intransigeants. Et je n'en veux point.

Car l'idée me semble fausse, décevante, irréalisable.

Vos amis en disent autant de la mienne. — Donc nous ne concluons pas ensemble.

Par exemple, vous êtes pour la séparation des Eglises et de l'Etat.

Moi aussi.

Vous l'exigez ; pas moi.

De qui l'exigez-vous ? — des Chambres, du ministère.

Je dénie leur droit ou compétence, et regarde au-dessus. Le pays la veut-il ?

Si oui, qu'on la fasse et tout de suite. Et quand même je serai contre.

Hésite-t-il ? — j'hésite avec lui.

S'il refuse, je suis contre — et nettement, en recul de ma propre opinion.

Est-ce à dire que j'y renonce ?

Eh ! non ! je ne renonce pas même à le convaincre.

Mais jusque-là je suspens et blâme l'acte.

« — *C'est de l'Opportunisme* », dites-vous.

Point.

Les Opportunistes ne s'en réfèrent pas plus que vous au pays. Ils préjugent ses volontés dans le sens de leurs préférences.

Par vous contraint de courir, il l'est par eux de s'asseoir.

L'intention, des deux parts, est bonne : — ils ont la sagesse, et vous le zèle.

Or le pays a le droit de n'être ni zélé, ni sage. Ce sont ses affaires, et de personne autre.

Et notez que les Droites concluent avec l'Opportunisme et vous. — Je passe les discordes. C'est le même procédé :

Subalterniser ce pays.

Lui imposer un pas, qui diffère du sien. Elles le veulent à rebours, — l'Opportunisme, de tortue, — et vous, de casse-cou.

Rebrousser la France !

L'immobiliser !

La précipiter ! — autant de sottises !

Elle sait mieux que vous où elle va — et comment y aller.

C'est ce qu'ils nient.

Ils ont raison de le nier, étant de Droite. Car la nation, pour eux, est sujette.

Il n'y a d'illogiques que vos amis.

Ne veulent-ils pas que la France dispose d'elle-même?

— Oui, certes... un jour... plus tard.

Pourquoi pas tout de suite?

Ici, nombre d'explications entortillées, dont la plus claire a bien du mal à sortir.

On se défie du pays ! — Et je n'ai de foi qu'en lui.

C'est le fossé qui nous coupe.

LETTRE XXIII

Au même

Les critiques m'assaillent, un peu à la diable.

1° *Je ne propose rien du tout.*

2° *C'est l'idée de l'Extrême-Gauche.*

3° *Je resterai en l'air, ne ralliant personne.*

Mis bout à bout, cela a un sérieux de coq-à-l'âne.

N'est-il pas singulier, en effet, si je ne propose rien, que ce rien soit précisément l'idée de l'Extrême-Gauche?

Et que ce soit un Extrême-Gauche qui le dise?

Comment, d'autre part, étant d'accord avec l'Extrême-Gauche, puis-je rester en l'air et ne rallier personne?

— Retenons ce point-ci.

Coupé du reste, il a sa valeur; et j'estime qu'on ne m'a lancé les deux autres que pour masquer le troisième.

Etre seul! — la perspective est sotte.

L'isolement glace les plus décidés. On saute à toutes les audaces, mais en troupe. Un isolé a pis que des vices.

Il est grotesque.

— En Allemagne, la force prime le droit. Au moins reste-t-il au droit cette chance, de forcer la force!

Chez nous, le vrai ne passe qu'estampillé de la mode. Il faut forcer les habitudes. Colletez-vous donc avec ça? c'est mou, collé, gluant.

La force est forçable. — La mode, non.

L'essai même du forcement est fou.

Et que de masses à forcer ici! forcer ou forer, passer à travers.

Voici ce que j'attaque:

1° La Gauche, toutes les Gauches et triomphantes, étalées sur le pays, plus que cela ne s'est vu depuis un demi-siècle.

2° Les Droites, en déroute, mais tenaces, — dures de coquilles, comme une pétrification de dogmes.

Ce sont des blocs — assis, en possession, de poids énorme.

6.

Et je m'avance contre — une idée à la main.

Elle n'a point d'adhérents — ni moi. L'isolement est double, quand deux isolés se tiennent.

L'un isole l'autre.

Vous vous apitoyez sur nous?

Merci. Cette pitié est inutile. Faites-en l'économie.

Les idées sont patientes. Et, de plus, celle-ci vient à l'heure, n'attendra pas.

Ce qu'elle doit forer se craquèle déjà de fissures. — Elle forera vite.

Par moi — ou d'autres. Au besoin, toute seule.

Les partis agonisent — la France avec et par eux. Or la France ne mourra pas.

Eux, oui — afin que nous vivions. Ceci est leur glas, et le glas sonne une résurrection.

Est-ce moi qui mets la sonnerie en branle?

Non — je l'écoute.

Me penchant sur le pays, je l'ai entendue; elle vient de 89... et de plus loin — du bout de l'histoire.

Je suis oreilles, plutôt que bouche.

Une bouche qui parle ne fait pas toujours groupe.

L'oreille, si. On s'amasse autour. Et chacun entend, répète.

Dès que je serai deux, nous serons dix, et vite mille.

LETTRE XXIV

Au même

Reste une objection — et dure, serrée.
Je l'attendais ; elle ne vient pas.
Allons à elle.

« — *Les partis gouvernent de fait. La France s'y prête. Elle en pâtit, c'est possible ; et va aux catastrophes, c'est certain. Mais, cela même ne l'en détourne point. La chose était avant que je la constatasse ; elle continue d'être, après que je l'ai constatée.*

De quoi s'agit-il ?

De désemmailloter le pays, et de dissoudre les partis.

Or les partis ne veulent pas se dissoudre. Qui les dissoudra ?

Le peuple ?

Il faudrait qu'il eût les mains libres et fût, au préalable, désemmailloté. — Qui le désemmaillotera ?

Les partis ?

De jour en jour, ils l'enserrent et le ligotent de plus près.

Fût-il désemmailloté tout-à-coup et par rupture des boucles, en profitera-t-il ?

Pas plus qu'avant !

Car il échappa en 70, 48, et sans effet, reprit chaque fois le joug, changea de liens, épris des nouveaux, — s'y engageant docile.

La nation ne peut ; les partis ne veulent. — C'est le problème.

Il tourne en cercle, et se mord la queue.

Insoluble ?

Non.

Il le fut, ne l'est plus, ou va cesser de l'être.

La nécessité résoudra, ce qui, sans elle, ne sut se résoudre.

— Il y faut un miracle.

Soit !

Le miracle est en route.

Ligoter un peuple ! A quoi bon, si on ne le tient pas ? Ligoter n'est pas tenir.

Nos partis en font l'expérience.

Acharnés à lier ce peuple, ils sont en train de le laisser choir.

Et qui tombe, se ramasse, ou est ramassé.

— L'étranger guette.

Bismarck nous ramassera et confisquera — à moins que la nation ne se ramasse elle-même.

Aussi se ramassera-t-elle !

Tout-à-coup, — et sans que personne l'y mette, — elle entrera de plein-pied aux affaires, saisissant le gouvernail.

Pas de risque qu'on l'y appelât, tant qu'on put s'en passer.

Encore aujourd'hui, nul ne s'en soucie. Et, pour parler net, je ne crois point qu'ils se rallient jamais à l'idée.

Au fait, si — de force, et par impuissance d'y échapper.

LETTRE XXV

Au même

Il y a trois partis :

L'Outre-Gauche.

L'Opportunisme.

La Droite.

Et les trois se disputent la France.

Y en a-t-il un des trois qui soit d'humeur à la satisfaire, et de taille à la mener ?

Si oui, investissons-le, et tenons-nous-y.

Si non — et c'est non — ce pays coule à l'anarchie, à moins qu'on ne le vassalise.

Bismarck ou la guerre civile! — Voilà l'alternative.

Et nous n'en sortirons que par le gouvernement direct.

Je vous défie de trouver un quatrième terme.

L'inintelligence des partis est à la fois l'obstacle têtu et l'irréfutable argument de ma thèse.

Ils côtoient la catastrophe, coquettent avec le trou, mettent nos affaires au pis; ce qui, d'une part, exige que la France s'en mêle, et, d'autant, les obstine à ne pas le lui permettre.

Mais sa patience s'use — et leurs forces.

Les partis agonisent, traînent la queue des engouements flétris, encombrent ce pays, ne le passionnent plus. Ils ont beau se prendre de gueule, et jamais on ne l'eut si épicée, l'exaspération même de l'insulte signale l'indifférence du public.

— Plus d'un chef est las.

J'ai eu — et sans user de violence — l'aveu semi-officiel du néant gouvernemental.

Un Outre-Gauche très en vue — je ne dis pas que ce soit vous — tient l'opposition de son groupe pour absolument vide.

Mais ils sont liés, ne causent de cela qu'à huis-clos.

Je le publie — ce qui, d'eux à moi, fait l'écart. Il est large, peu profond. Le franchiront-ils ?

Pas tout de suite, ni tous; les meilleurs.

J'ai d'autres alliés :

1° Le gros des partis. — L'hésitation se sent déjà. Est-ce la débandade ?

Non, — mais on rechigne.

Les masses de Droite et de Gauche perdent la foi

dans le but où on les mène, — c'est-à-dire ou on promet de les mener, sans les y mener jamais.

La lassitude, le découragement nous gagnent, et l'ennui. Les chefs désertent d'âme ; leurs troupes, de fait.

Jusqu'où va cette désertion ?

Je la crois universelle, et qu'elle sauterait aux yeux, si on ne la masquait par un inextricable croisement d'intérêts échauffés ou menacés. Car l'Etat, ayant des millions d'âmes à sa merci par les places qu'il distribue, les faveurs ou rigueurs dont il dispose — les partis, qui accaparent l'Etat, forcent la bourgeoisie besoigneuse à s'enrégimenter et à garder le rang. Mais on ne tient que du ventre — le cœur n'y est plus.

Otez la manne — les affamés s'en iront.

2° En seconde ligne, les indifférents, masse profonde, obscure — de part et d'autre, fort dédaignée ;

Est-ce une quantité négligeable ?

Pas tant !

L'actif et l'agité ne valent point seuls. L'inerte a aussi son poids qui, dans le total, se retrouve.

— Un quart des électeurs ne vote jamais.

On s'en irrite et, de temps en temps, un pointu parle de les obliger à voter.

Chaque parti prétend qu'ils lui appartiennent. La vérité est qu'ils ne sont à aucun, et il s'en faut de peu qu'ils ne soient contre tous.

— *Mauvais citoyens!* dit-on — En quoi?

Ils paient l'impôt, font leur temps de service, sont jurés, commerçants, laboureurs, enrichissent ce pays et le servent.

Ils ont aussi part à l'âme de la France.

La Gauche ne les passionne point. Les Droites, non plus.

C'est donc qu'il y a dans l'âme française un repli, dont ni Droite ni Gauche n'ont la clef.

Ils se sont abstenus cent ans!

Je ne compte pas qu'ils se dérangeront pour mon idée. Mais ils en restent la réserve assurée — et, par leur passiveté même, en furent l'inépuisable protestation.

En avant d'eux — et pour encadrer les désabusés de Gauche et de Droite — je compte sur un allié plus vif:

Les jeunes.

Ceux-ci ont de 20 à 35 ans, — quinze classes depuis la guerre — et, d'année en année, il en pousse une.

Ils ne sont pas loin.

Je les entends et je les attends.

Car l'éternelle poussée des jeunes va à chasser les vieux.

Les vieux, de leur côté, résistent; mais cette résistance n'a que deux ressorts: les œuvres ou la poigne.

Un possesseur ne sera pas dépossédé s'il tient solidement.

Encore moins s'il tient utilement. — J'entends par la besogne faite ou la besogne en vue, à faire.

Ce n'est point le cas.

Visiblement, nos gens ont petite poigne, peu d'œuvres, pas de vues.

Et j'englobe ici la génération entière — partis mêlés.

Il semble qu'elle en ait conscience :
Leur allure hésite. Eux, propriétaires ?
Non.

— Usufruitiers. Ils se savent éphémères, touchent le moins possible à l'héritage, désirent au fond la venue de l'héritier.

LETTRE XXVI ou SUPPLIQUE

A nos saints de toutes chapelles — ministres en pied, à pied, et sur les marches

SEIGNEURS, ayez pitié de nous !

Vous êtes forts en Israël, c'est-à-dire chefs de groupes et de sous-groupes.

On applaudit vos paroles, même vides.

7

On admire vos œuvres, même absentes.

Rien de vous ne se perd, bien que diversement accueilli. Les uns paient en applaudissements, et les autres en invectives.

Lequel vous plaît le mieux ?

Il semble que ce soit l'invective. Et vos efforts violents la cherchent. L'amour et les bravos ont pour vous la fadeur d'une caresse due — mais vous jouissez des haines.

Et l'injure vous exalte, comme une proie conquise.

Seigneurs, ayez pitié de nous !

Vous n'êtes pas méchants, et vous ne faites que du mal.

A nous, — à vous.

Avez-vous encore des yeux ? Ouvrez-les, par-dessus vos flatteurs. Et s'ils vous laissèrent des oreilles, tendez-les.

Voici ce que vous allez entendre et voir :

La France, en 70-71, est tombée. Et, depuis quinze ans, vous l'enfouissez.

Ceux qui vous disent qu'elle s'abaisse — mentent.

Vous la tenez bas, voilà tout.

Elle a gardé intacte sa vaillance — et ne sait où travailler ; intacte, sa foi — et ne sait en qui croire.

Elle a soif de réconciliation, de communion, d'amour.

Mais vous l'usez dans des luttes sans flammes, qui

sont à la guerre civile ce que la colique est au choléra.

Seigneurs, ayez pitié de nous!

Je me suis adressé à Rochefort.

Et le sachant de taille, ainsi que d'humeur, je l'excitai à débarrasser de vous le pays.

Il refuse.

Lui s'effaçant, et Gambetta mort, à qui irai-je?

A la fin de l'Empire, et pour l'achever, deux hommes se levèrent, qui alors se donnaient la main :

Rochefort et Gambetta.

Gambetta fut cet Ogmius adoré en Gaule, et de la bouche de qui s'échappaient des liens d'or.

Il enchaîna les peuples par l'oreille ; mais à ses paroles, il se prit lui-même ; elles l'ont enveloppé, étouffé.

Rochefort est l'Hercule grec. Il tire de loin, a un arc, des flèches.

Or, voilà qu'il les éparpille — et lui avec.

Son jeu favori est de vous cribler de blessures. Elles sont cuisantes, mais vite guéries. Et l'une sert d'emplâtre à l'autre.

Il s'épuise à ne pas vous tuer.

Seigneurs, ayez pitié de nous!

Est-ce que je vous demande de déchoir?

Non, certes.

Grandissez, en nous délivrant.

Vous dominez ce peuple à terre ; et, le dominant, vous n'êtes guère haut.

Ce n'est point sa taille que vous dépassez, mais le raccourci de ses chutes.

Les piédestaux où vos gens vous juchent n'ont rien de la cime.

On dirait de petites mottes d'argile dans un vallon creux.

— Mettez-nous hors du trou.

N'est-ce pas en sortir vous-même ? — et en avant, les premiers !

Quand la France aura repris la tête des peuples, elle vous assiéra à sa droite et à sa gauche.

Trouvez-vous plus de gloire à vous culbuter l'un l'autre ?

De trois partis que vous êtes, il y en a toujours deux — le cul par terre.

L'autre se hisse au mât, s'y cramponne, et point à l'aise. On le tire aux basques jusqu'à ce que les basques, l'homme ou le mât s'arrache.

Seigneurs, ayez pitié de nous !

N'abdiquez pas, l'un au profit de l'autre.
Mais tous, ensemble — et devant le pays.
Il veut ce que vous voulez — et mieux :
A la fois.
Son attitude, en ce sens, est claire.

... Voici des intérêts qu'on menace — par plus d'une racine, ils tiennent au sol.

Et la Droite ne tolère pas que brutalement on les coupe.

Le pays est avec la Droite — très décidé.

— L'Opportunisme lutte pied à pied, afin que des fous de Droite ou de Gauche ne nous rejettent pas en Empire et Monarchie, — où l'on ne peut rentrer que par un coup de force, et dont il faudrait sortir par l'émeute ou l'invasion.

Le pays suit les Opportunistes — résolu.

« — *Ce n'est point*, dit l'Outre-Gauche, *être hors de Monarchie et d'Empire, que de se traîner aux mêmes ornières.* »

Et le pays applaudit l'Outre-Gauche.

Mais cette vue ne l'écarte pas des premières.

Il met aux trois la même obstination.

L'Outre-Gauche fait bon marché des intérêts. — Lui, non.

Les Droites font litière de la République. — Lui, pas.

L'Opportunisme, pour éviter que l'Empire ou la Monarchie ne reviennent de nom, se résout à les garder de fait.

Lui, pas.

Pesez bien ceci :

Vous aurez beau séduire le scrutin, lui faire violence, l'escamoter, en tirer des majorités compactes, chacun de vos partis ne sera jamais à la France que comme le tiers est à l'entier.

D'où cette conclusion :

L'Etat, dans vos mains — où qu'il soit — ne vaut qu'un. L'Opposition, deux.

Et c'est une proportion fixe. — Impossible d'en renverser les termes. Dès que l'Opposition met la main sur l'Etat, elle se dédouble. Aussi l'asphyxie-t-elle à distance, et, sitôt qu'elle y entre, tombe en syncope.

Voici la formule exacte :

L'Etat acculé par une Opposition incapable de prendre sa place.

Est-il mat ?

Non.

Pat. — Et le jeu s'arrête.

Les preuves sautent aux yeux.

L'Opportunisme, depuis 70, n'a guère lâché le pouvoir. Je ne vois point qu'il en ait rien tiré que de se faire mettre à la porte trois fois.

Les Droites y ont passé et repassé — à vide.

L'Extrême-Gauche eut son heure, au 18 mars — une heure sèche.

Chaque parti accuse l'autre. Ils se lancent injustement des injures très justifiées.

Qu'ils les retournent sur eux-mêmes — et s'en aillent !

On s'en prend à vous, les chefs. — Qu'y pouvez-vous?

Rien.

Le champ de bataille se dérobe. Les drapeaux ne tiennent pas. Comment tiendraient-ils? La discorde s'est tellement croisée, depuis 89, que la voilà entrée dans le cœur de chacun de nous. — Quelques fanatiques ou emballés mis à part, il n'y a plus de netteté.

Nous portons le poids d'un siècle — complexes comme lui.

Quel groupe de Gauche est exempt de recul?

Quel droitier n'a pas son coin d'intransigeance?

— Est-ce contradiction ou synthèse?

Je crois que c'est synthèse.

De ceci et de la syncope de l'État, résulte :

1º *Qu'aucun parti n'y peut appliquer ses idées.*

2º *Que le pays, livré à lui-même, les appliquerait toutes.*

Non pas successivement, et en culbute les unes des autres.

Mais assemblées et jointes.

C'est ce point d'assemblage que seul il connaît — il le sent d'instinct; et les partis ne le démêleront jamais.

Ils vont trop loin, ou pas assez. Ce qui amène les poussées et contrepoussées — coups de force où tout se perd, et recommence.

Il n'y a point de bout.

L'expérience est faite, refaite, surfaite, et depuis cent ans vous talonne.

Il sied aux enfants d'avoir des illusions, mais faut-il que la vieillesse tombe en enfance?

Sortez d'illusion.

N'égarez pas plus loin les multitudes qui vous suivent.

Votre intérêt même y est:

Elite du pays, vous resterez en tête, et tous! Ce sont vos partis dont on ne veut plus.

Vous les traînez. — Ils vous alourdissent.

Ayez pitié d'eux, de vous — et de nous, seigneurs!

LETTRE XXVII

A Henry Maret

MON CHER MARET,

L'Extrême-Gauche essaie d'escalader l'Etat.

Travaille-t-elle utilement?

Non.

A vide?

Oui, et pour trois motifs :

1º L'Extrême-Gauche ne sera jamais au pouvoir;

2° Y fût-elle, elle ne pourra y appliquer son programme.

3° Et, par miracle, le pût-elle, elle ne saurait pas.
—Les obstacles externes surmontés, il resterait celui du dedans, invincible.

Je m'engage à vous en fournir la triple preuve.

LETTRE XXVIII

Au même

J'exagère en vous excluant à tout jamais du pouvoir.... Vous y êtes déjà monté.

Qu'y faut-il ?

Un vote.

La majorité dans les chambres : vous l'avez eue.
Assise ?

Non.

De passage.

L'Extrême-Gauche a été aux affaires, par échap-
pées, en 70, 48, etc.,—et, avec prise de possession
officielle, du 2 juin 93 au 9 thermidor an II.

Comme elle s'évertue à y revenir, il n'est pas sans
intérêt de chercher :

1° En quelles circonstances elle y vint ;

2° Si le fait peut se produire à nouveau et autrement ;

7.

3° Ce qu'elle en fit.

D'abord un point se dégage :

Pas une assemblée n'eut une majorité d'Extrême-Gauche.

Fût-ce volonté ou défaillance ? — et, en ce cas, la défaillance vint-elle des électeurs ou des élus? c'est la cause à démêler. Je ne la cherche point, et m'empare du fait.

Il est acquis, n'est-ce pas ?

Pas de doute sur la Convention et les Etats-Généraux, qui finissent en recul.

La Législative se cabra moins. — Le temps lui manqua. Mais deux faits la classent :

Elle rendit des votes de réaction pure; et c'est de sa majorité girondine que sort la Droite enragée qui aboutit à brumaire.

Aucune des trois assemblées ne fut d'Extrême-Gauche.

Et pourtant l'Extrême-Gauche les domina.

Son petit nombre contint, déborda le grand. Qui fit cela ?

L'éloquence?

Non.

Les lumières? l'habileté?

Point.

Le patriotisme?

Pas davantage.

Quoi donc?

Une force venue du dehors : l'émeute des rues, Paris vainqueur et debout !

— Otez le 10 août, et la Législative avorte.

Sans le 14 juillet, les Etats-Généraux n'eussent réformé que l'impôt, et à grand'peine.

Sans le 2 juin 93, la Convention pétait d'impuissance — après avoir horriblement compromis la France par le châtiment de Louis XVI.

Tournez le siècle, c'est de même.

En juillet 1830, et n'eût été la bataille des trois jours, les 221 fondaient comme du beurre au feu, etc.

Je résume :

Les électeurs n'envoyèrent jamais à Paris une majorité d'Outre-Gauche. Ou, s'ils l'envoyèrent, elle se perdit en route.

L'Extrême-Gauche ne devint majorité que grâce à cet appoint : le peuple aux portes !

Le moyen a trop réussi. Il s'use.

Et déjà, comme par un pressentiment, l'Extrême-Gauche, celle de la Chambre au moins, n'en veut plus. Elle se défie de l'émeute, rompt avec elle, la renie.

Ce pressentiment est doublé d'expérience.

Paris aima ses députés d'une amour abandonnée ; mais, à chaque coup, l'enthousiasme fléchit.

Il est gradué. On voit l'échelle.

En prenant la Bastille, Paris crut de bonne foi venir en aide à l'assemblée.

Au 10 août, il la laisse de côté, fait ses affaires tout seul.

En 93, il va chez elle, en colère, et lui dicte ses volontés.

— Puis, un long temps se passe. On oublie.

En juillet 1830, l'amour est revenue.

Mais ils lui escamotèrent sa victoire, et ce fut fini.

A présent, quand Paris se lève, il n'épure pas les chambres, il les met à la porte (48, 70).

Il est si bien l'ennemi qu'au 18 mars toute l'assemblée, Extrême-Gauche comprise, lui déclara la guerre — et pis, le vainquit, ce qu'il n'oubliera plus.

Donc, rien à attendre de l'émeute.

L'émeute écartée, — et les électeurs, — par où vos amis grimperont-ils ? Y a-t-il une troisième échelle ?

Oui. — Et les habiles s'en sont déjà avisés :

Etre de la majorité — par appoint.

Etant donnée une Droite irréconciliable, sitôt que l'Opportunisme perd la majorité absolue, l'Extrême-Gauche entre en participation.

Examinons l'hypothèse.

Elle n'est pas si neuve — et, depuis 71, fonctionne.

Ni Ferry, ni Gambetta, ni Thiers n'eussent tenu quinze jours, sans la complicité de l'Extrême-Gauche.

Et cette complicité ne leur manqua point.

Il y a, dans le passé, une fidélité de défection qui garantit l'avenir. Je dis défection, car l'Extrême-

Gauche ne participe qu'à sa honte. On accepte ses gens, pas son bagage.

Quelques hommes, pris dans vos rangs, grossissent d'honneurs, d'influence. Mais le groupe s'amincit, vient à rien — et s'y résigne.

C'est escorté de radicaux que Thiers tua, chassa, déporta cent mille ouvriers, saigna Paris à blanc.

C'est par l'Extrême-Gauche que Gambetta fit voter — et maintenir, une fois votée — la macaronesque constitution de 75.

Ferry même a recruté de vos gens.

« — *Ils ne sont plus des vôtres* », dites-vous.

Eh! si.

Ils en étaient au départ — et en seront à l'arrivée, au moyen du *truc* suivant :

Se lier au ministère, à mesure que l'élection s'éloigne, et, sitôt qu'elle revient, le lâcher.

C'est peu chevaleresque.

Personne ne précise la formule, mais on en use, — un tiers au moins des radicaux.

Sont-ce des traîtres?

Pas tous.

Il y a des mobiles honteux, et d'autres fort excusables.

Celui-ci, par exemple :

Éviter une majorité d'Extrême-Gauche, de peur qu'elle ne regarde au loin — et, à ses pieds, pas du tout.

L'Extrême-Gauche voit gros, bute sur des taupi-
nières.

Laissez-la faire, elle cassera un ministère toutes les
semaines. L'aura-t-il mérité ? A coup sûr. Et c'est
ce qui effraie.

Elle veut l'impeccabilité.

Or les ministres sont peccables — leurs agents
aussi, et il y en a des myriades. Que de fautes par
jour !

L'Extrême-Gauche est une conscience.

C'est le spirituel des temps nouveaux. Or le spirituel et le temporel doivent être tenus à distance
l'un de l'autre.

Les gens du moyen-âge — si croyants — finirent
par rejeter l'Eglise de l'Etat.

Elle aboutisssait aux bûchers.

« — *Il n'y a pas de Torquemada chez nous.* »

En vue, non. Dans l'ombre, qui sait ? — Vous ne
garantissez que l'heure sonnante.

Et la politique va d'un pas heurté, inégal. Demain
peut sauter brusque.

Mirabeau fut l'Extrême-Gauche. — Tout-à-coup
c'est Barnave... la Gironde... Danton... Marat. On
n'a pas le temps de souffler.

— Et de nos jours aussi :

En 69-70, Jules Favre s'effondre — et une Extrême-
Gauche avec lui. Il n'y eut plus que deux hommes
debout.

Gambetta, Rochefort.

D'où sortent-ils? et depuis quand?

D'hier. Une dizaine de pamphlets fit l'un, et trois mots, l'autre.

D'accord, ils nous tenaient.

Ils nous lâchèrent. — Cela vous rassure.

Moi, pas.

« — *On ne guillotine plus.* »

Soit! on fusillera. — Est-ce plus gai.

LETTRE XXIX

Au même

L'Extrême-Gauche majorité se peut à la rigueur concevoir.

Aux affaires, non.

L'Etat Outre-Gauche trouble, comme un cauchemar.

Il n'a réellement tenu qu'avec et par Robespierre. Et ce fut si raide que trois générations en ont eu la chair de poule.

Pas d'équivoque !

On a fait un ogre de Robespierre. C'est de l'histoire à côté — la note en marge, qui tantôt rectifie, et tantôt fausse le texte. Ici, elle fausse.

Robespierre semble avoir été sec ; pas cruel, plutôt doux (1).

Je ne lui vois du sang qu'aux pieds et à la tête.

Bourreau ?

Non. Victime — et deux fois : il tua, fut tué.

Son âme était simple, et extrêmement pure. — Ce qui naturellement la fit inflexible.

Tout ce qui se désaligna dans la Convention il le réalignait par la guillotine, à la mode du temps.

Il abattit les têtes qui excédaient, comme Tarquin.

Mais l'autre, despote orienté à son égoïsme, s'arrêta d'abattre. Lui, non.

Il s'orientait à l'absolu.

Où est l'arrêt ? — Les têtes s'échelonnent : hautes, moindres et puis basses, c'est-à-dire l'innombrable.

Ce fut d'abord la Gironde, Hébert, Danton : nous comptons. — Quand ce ne fut plus personne, c'était la foule.

Dans les dernières semaines, on ne décapite plus ; on fauche.

C'est déjà le bout — plus que le bout : du vide, un vertige.

Et nous ne sommes qu'à quinze mois !

La vertu politique ne suffit plus, il faut la vertu tout court. Ici le plus ferme eut peur ; les hommes

---

(1) Il voulut abolir la peine de mort.

légers sentirent leurs dents se choquer l'une contre l'autre.

Car on s'arrange avec la vertu politique. Il ne s'agit que de s'habiller comme elle ; et elle a tout un assortiment de masques.

L'autre est nue.

Il va falloir se mettre nu. Et elle a un miroir, où paraît la moindre ride.

Qui sera pur devant elle ?

Un, sur dix mille — et encore !

Le jour où ce spectre de l'épuration morale hanta Robespierre, la Convention frissonna, toute — et le dehors. Ses plus étroits partisans, hors quatre.

Chacun vit et dit d'instinct :

« — *Il va guillotiner ce qui reste!* »

Et ce qui restait le guillotina — comme fanatique ?

Non. Comme dictateur. Il subit sa loi. On lui trouva un vice pour l'épurer.

Mais le lendemain, l'âme humaine éclate :

« — *Plus d'épuration!* »

La France prit horreur des saints, et se rua dessus deux fois.

On réactionna, et on fit la débauche.

Il y eut des égorgements hideux, mais en débandade. La terreur blanche est à l'autre ce que le sac d'une ville est aux lois de Dracon.

— Nos historiens, là, pataugent.

Les uns nient, ou se taisent.

Les autres dressent procès-verbal — et que la Convention fut informée, passa outre, ne sévit point. Ils n'y comprennent rien, la blâment, cherchent une excuse.

Or ils viennent de la dire.

L'excuse fut précisément le décousu, l'injustice, l'inutilité des crimes. Cela suffit.

Avant, après, on eût sévi d'autant plus.

Alors, non.

C'était reprendre le glaive des lois, l'épuration.

A aucun prix, on ne voulut.

La caractéristique du temps — très curieuse à fixer pour l'histoire — c'est qu'on avait peur de la justice plus que des forfaits.

Ça alla jusqu'aux crimes de droit commun. Les vols et l'assassinat en profitèrent — et le sang-froid revint.

Mais ceci resta :

La défiance de l'Extrême-Gauche. — Vous n'irez pas contre.

On a peur de vous.

Qui ?

Tout le monde. Et vous-même. En voulez-vous la preuve ?

Vos amis ne sont point au bout des Gauches. Après l'Extrême, il y a l'Outre — dont vous n'êtes que le flanc droit.

Votre Extrême-Gauche, à vous, s'appelle *le Collectivisme, l'Anarchie,* que sais-je ?

Vous le prenez de haut avec eux, et ce dédain ne les intimide guère. Ils vous le payent en sarcasmes.

Ils vous reprochent *l'embourgeoisement, et d'avoir péché devant le peuple.*

Et vous, à eux ?

De se dire : impeccables !

Ils ont repris le mot de Saint-Just. Et vous avez, à quatre-vingts ans d'écart, la même peur qu'eut Tallien.

— C'est votre seul grief, avoué ou non. Otez-le, il n'y en a plus.

Faisons le tour des autres.

1° On accuse *l'Anarchie* d'être encadrée de mouchards.

Ne l'est pas qui veut. J'y vois un indice de valeur plutôt que d'indignité.

Qu'est-ce que le mouchard ?

Un réactif — l'Etat n'en a point de plus énergique ni qu'il estime davantage. Ça se sème en graine sur les périls, et le jour où vous deviendrez redoutables il vous en sortira de partout.

Et déjà, en êtes-vous dépourvu ?

A certains jours, quelqu'un des vôtres se secoue, s'envole comme une colombe effarouchée, va au Gouvernement.

On l'appelle *transfuge* — le terme est noble, il vient des camps. Mais en quoi *transfuges* et mouchards diffèrent-ils ?

Le mouchard s'insinue de l'Etat à l'Opposition.

Et le *transfuge*, de l'Opposition à l'Etat — les deux se masquent, pour trahir.

2° L'Anarchiste prêche l'émeute, fait peur aux bourgeois.

Eh bien ! et vous ?

Ne lui faites-vous jamais peur, au bourgeois?

Ce grief-là, on se le lance de Gauche à Gauche. Il tombe à pic. Car l'une mène à l'autre.

L'Anarchisme est votre queue.

Une tête à beau mordre sa queue, elle y aboutit; — ou se la coupe, et en meurt.

Les Gauches, dont la courbe de retraite est très repliée, s'avancent, aux jours de victoire, sur une ligne enveloppante qui ne s'arrête ni aux Gambettistes, ni à vous.

L'*Anarchie* perche tout là-haut — en épouvantail.

Mais chacun se rend compte que vous êtes l'échelon d'avant.

Quant à l'émeute, ils la prêchent, et vous l'attendez — écart minime et tout de tactique.

Un mot a cours :

« *Le bulletin de vote à la place des coups de fusil.* »

L'antithèse est jolie, mais ne résout pas.

Et il s'agit de résoudre.

Je reste positif, ne discutant que les faits. Si la vérité a le mot brutal, ce n'est ni de sa faute, ni de la mienne.

Vous ne voulez pas des émeutes qui échouent.

D'une révolution, oui — et forcément. Car vous tendez à mettre l'Extrême-Gauche au pouvoir. Y arriverez-vous par un scrutin ?

Non. Et vous le savez.

Par une révolution ?

Peut-être, ce n'est pas sûr — je parie pour les anarchistes.

Mettons que vous y êtes? — Y resterez-vous ?

Non.

Dès que l'Etat est teinté d'Extrême-Gauche, il y a en ville, au village, des multitudes qui le guettent, et au premier écart l'étranglent — un prétexte suffit.

Et tout de suite vous le donnez — violentant le pays, imposant vos vues.

« — *Elles valent mieux que les siennes.* »

D'accord!

Mais elles ne s'adaptent pas — et c'est tout.

Il se dérobe — vous culbutez.

Un tiers de vos gens ira au bagne, le reste fuira, ou fondra — se mêlant aux vainqueurs.

C'est l'histoire d'hier, d'avant-hier, de demain.

LETTRE XXX

Au même

Admettons l'inédit, l'imposssible, le contre-nature — que l'autorité tombe à l'Extrême-Gauche et s'y tienne. Pas le titre nu, la puissance avec. L'Etat, c'est eux.

Qu'en feront-ils ?

De leurs programmes touffus on tirerait vingt Constitutions. — Et point trop d'accord entre elles.

La propriété sera-t-elle privée ou non ?

L'un exige que l'Etat soit tout, et l'autre — quand ce n'est pas le même — supprime l'Etat.

On veut moitié en plus de dépenses, et moitié en moins d'impôts.

Tout cela tourne dans les cervelles d'Extrême-Gauche ; et, s'il fallait le réaliser d'ensemble, il y aurait un tel dégagement de passions chaudes que la France s'évaporerait.

Je m'en tiens à la vieille et saine formule :
Liberté, Egalité.
L'entend-on de même ?
Hélas ! non. Il y a divergence — et double, triple.

D'abord, d'une époque à l'autre. Dans le même temps : de groupe à groupe. Et dans les groupes : d'homme à homme.

Là-dessus, on se chamaille. — Mais voici où l'on se fusille :

Il y a deux termes. — A quelle échelle les tenir ?

La liberté prime-t-elle ? ou l'égalité ?

Vous dites : « *Les deux*. » Moi, aussi — et le pays.

Les partis, non.

Ils naquirent précisément de l'antagonisme. C'est affaire de tempérament. Il y a les égalitaires et les libérâtres.

Ou la liberté plaît, elle suffit : l'égalité, de même.

Et je crains que l'Extrême-Gauche ne soit plus égalitaire que libérale.

Votre libéralisme intransigeant déteint sur le groupe.

Mais jusqu'où ?

Cela passe-t-il la peau ?

Vous n'êtes que chef de file, un des chefs, — pas le seul.

Il y a d'autres noms en vedette.

J'en prends deux, — de ceux qui font groupe :

Le polémiste Yves Guyot, instruit de tout, surbourré de faits.

Et Clémenceau, pur tacticien.

Ce sont des hommes d'État — au sens du mot chez nous, — c'est-à-dire qui se collent à l'État tout de suite et pour toujours. — Ministres ?

Non.

Ministrables — et vite.

Clémenceau trace des parallèles. Il est près de...

L'autre, prêt à...

N'êtes-vous pas curieux de voir ce qu'ils ont dans le ventre ?

Yves Guyot ne parle que de liberté.

Mais il vise la police — singulier champ d'expériences pour un libéral. Qu'y fera-t-il ?

Demandez-le-lui.

Et, s'il se démêle lui-même, il répondra :

« — *De l'autorité salubre.* »

Demandez à Clémenceau, comment, devenu ministre, il orientera sa politique.

S'il est sincère, il dira :

« — *Je n'en sais rien. Je verrai sur place.* »

En attendant, il glisse sur un axe fixe : sa volonté.

Vouloir est la caractéristique de cet homme.

Il a la voix sèche ; ses mots coupent, son geste inquiète.

Il sue l'autorité.

Vous, non.

— *De la liberté, n'est-ce pas ? et encore, et toujours.*

Une panacée ! — avec ça, on ne s'embarrasse ni l'esprit, ni les jambes.

On ne se les dégage point non plus, une fois prises.

Et elles le seraient vite.

Vous n'imaginez pas combien de chausse-trappes on a creusées sous ce mot *liberté !*

Qui, on ?

Tout. L'homme et les choses.

La liberté illimitée est, au sens sociologique, un pur sophisme. Elle implique absence de lois. Et il s'agit précisément d'en faire.

Chaque loi est une borne — il y en a des milliers, et sur chaque route. Où les mettre ?

En deçà ?

Au delà ? — c'est le problème.

Si intransigeant que vous soyez, vous n'êtes pas sans en avoir voté quelques-unes, et pas toujours au delà ?

Je me souviens de certain article 7 qui était terriblement en deçà.

L'Outre-Gauche d'alors en fit son affaire ; les griffes de César y étaient toutes. On ne vit rien. Vos amis, ce jour-là, ont communié avec Ferry.

Ce jour-là, et d'autres !

Vous vous êtes assis, en entrant, sur la pointe extrême, et deux ou trois avec vous.

8

Mais le reste se meut dans l'Opportunisme inconscient.

Or il n'y a qu'un Opportunisme : Gambetta en fut la médaille, et Jules Ferry la grimace, une des grimaces.

D'autres nez s'y profileront — tous distincts, et identiques tous.

On en prendra chez vous.

Les Radicaux ne sont que des Opportunistes échelonnés. Je leur prédis à tous qu'ils lâcheront, à vous, je dis :

Vous serez lâché.

Vous ministrera-t-on ?

J'en doute — et vous ?

Il n'est pas sûr que les gens d'esprit soient ministrables.

On a relevé ceci à l'étiage :

Nos ministres n'atteignent pas la moyenne d'esprit courant.

Vous êtes petit-cousin de Rochefort — plus doux, mais de la famille.

Cette famille-là ne se domestique pas. Or le propre des ministres est de se domestiquer à la Chambre — et elle, à eux.

Ils tiennent un bureau de change où le vote se pèse et se paie. Les menues faveurs servent d'appoint.

Irez-vous là dedans ?

— Ce serait, proportion gardée, comme si j'entrais à la Chambre.

Je greffe des idées ; et cette sorte de greffage veut le plein-air. Or la Chambre est une serre à préjugés — surchauffée d'intrigues.

Vous n'y tenez debout que coupé des autres.

A certains moments, l'écart s'accentue — et d'autant vous grandit.

Suivez la nature.

Elle nous façonne en naissant, donne au ver son cocon, et à chacun de nous sa case.

La vôtre est de celles qui ne s'officialisent point.

Restez ce que vous êtes. Une pierre de touche.

Le sot qui s'approche de vous blémit.

Aussi Paris vous a-t-il classé comme utile, et avec les outils dont il se sert. Cela vaut mieux que de tomber dans un portefeuille vide.

Les ministres ne font figure qu'appuyés d'un groupe compact. Et l'Outre-Gauche s'appelle de son nom : émiettement.

Tenez, elle vient encore de se disloquer. Ils n'ont qu'un petit coin à eux : le Conseil municipal de Paris. On se l'arrache à belles dents. De guerre sourde ?

Non, aigre, violente, — en face de l'ennemi.

Eudes contre Patenne !

Et ce n'est pas tout ; il y a peut-être un sous-Patenne ; mais, à coup sûr, il y a un sur-Eudes.

RÉPONSE

A UNE MISE EN DEMEURE

LETTRE XXXI

A Eugène B......

Mon cher Eugène,

Je résume ta lettre :

*La Droite, la Gauche ne valent pas le diable, soit!
les voilà dissoutes, en déroute, à la côte, noyées même.*

Et après?

L'État sera remis au pays, — soit encore!

Mais comment?

Par quel bout et de quel biais la machine fonctionnera-t-elle?

Où prendre sa carcasse et ses ressorts?

A quoi les attacher pour la mettre en équilibre, et qu'elle se tienne?

Je ne l'ai point dit, et tu hausses les épaules.

Avais-je à le dire?

Oui et non. Pas tout de suite.

Si un outillage se détraque, les ingénieurs jettent la pièce fautive.

Après quoi, ils en cherchent une bonne.

Et, l'ayant trouvée, ils l'adaptent.

C'est l'ordre logique et je l'ai suivi. Agencer est et n'est que le terme. On doit s'être assuré : 1° qu'il y a lieu d'agencer, et 2° que c'est bien la pièce à mettre.

Il y a deux questions préjudicielles.

Et, tant qu'elles ne sont pas résolues, l'autre n'existe même pas.

Première question :

La bataille entre Gauches, ou de Gauche contre Droite, est-elle, à l'heure qu'il est, et à un degré quelconque, utile au pays ?

Réponse :

Non.

Elle hébète la France — et à ce point les partis eux-mêmes, que, dès qu'on les annexe à l'Etat, ils tombent dans le coma.

Suite de la première question :

Y a-t-il quelqu'autre parti en vue?

Réponse :

Il n'y en a point qui soit formé, — ni en formation.

Ni même en hypothèse.

Nous avons, pour encadrer la France et la conduire, deux ou trois squelettes — et rien avec.

C'est ça que nous portons au pouvoir les jours de vote.

Et quand ce que nous y avons mis nous dégoûte, c'est encore ça qu'on nous offre pour mettre à la place.

— Es-tu d'accord ?

Si oui, passons plus outre.

Deuxième question :

L'Etat peut-il être utilement confié au pays, ou corps de nation, ou peuple, ou opinion publique, c'est-à-dire, et de quelque nom que tu l'appelles, à tout le monde ?

Réponse :

Oui. Et je le prouve.

Et, en effet, que faut-il à l'Etat ?

De l'ordre et de l'initiative — un moteur qui soit frein.

Les partis n'ont jamais donné que l'un ou l'autre.

Le peuple a les deux.

Donc — et dès le commencement — il eût été sage de lui remettre l'Etat.

Mais aujourd'hui que les partis sont à bout, cette remise est forcée, indispensable.

— Adhères-tu ?

Si oui, on aura vite fait d'agencer.

Si non, débattons le litige, car il est primordial.

Sur la mise en œuvre, je puis errer,

Sur l'idée, pas,

Je la tire des faits — infaillible.

Il n'en est point de même des applications qu'on en fera.

L'application est — de sa nature — variée, inégale. — On y doit tenir compte de tout et du hasard.

Ici, je cherche.

Là, j'affirme :

1° Que la France en 89 voulut se gouverner ellemême et ne dépendre de personne ;

2° Qu'elle n'a pas renversé l'ancienne royauté en vue d'un parlementarisme confus et de dictatures d'occasion ;

3° Et qu'elle ne se jeta dix fois en révolutions ou coups d'Etat que pour échapper à l'un et à l'autre.

Car les échecs successifs de nos dictatures et parlements ne peuvent être attribués à l'insuffisance de nos parlementaires ou dictateurs.

Ceux-ci dépassent la moyenne des chefs d'Etat.

Et, nos chambres foisonnèrent d'éloquence, de travail et d'éclat.

D'où je conclus que la cause unique, irrémédiable, de l'échec est l'inadaptation absolue du parlementarisme et de la dictature à notre race,

Je m'assure enfin que le gouvernement direct n'est pas seulement :

1° Nécessaire, parce que la France l'a voulu et le veut ;

2° Inévitable, parce que les autres, essayés, ne tiennent pas ;

Mais que de plus il est excellemment approprié au génie français, et indispensable à notre relèvement extérieur.

« — *Comment le mettre en œuvre*, dis-tu ? »

Il y a bien des manières.

Il y en a d'historiques, de contemporaines et, sûrement aussi, d'inédites.

J'ai dit les précautions minutieuses que prit Rome, et le succès qu'elle obtint.

Cela grinça d'abord.

Il fallut compléter l'organisme en route, le réagencer, mais on fixa du premier coup les lignes essentielles.

A Athènes, l'heureux génie de la race fit plus que les institutions.

Athènes, à vrai dire, n'eut jamais de bonne constitution, ni même une constitution assise — tout y est flottant, sauf ceci :

Un peuple dont l'intelligence atteint tout — et qui le sait.

Le christianisme, les barbares et plus tard Luther

passèrent le gouvernement aux foules, rien que par l'exaspération du moi individuel.

Ce fut le désencadrement à outrance.

L'énergie du moi est encore la principale garantie des Anglais et Américains.

Ils usent de parlements, et les ont assouplis à n'être que l'expression de la volonté nationale. Mais note que, étant tudesques, le parlementarisme ne les déroute point, leur est familier.

D'autre part, ils l'ont d'avance et fortement assujetti.

La Suisse, qui s'en sert — et où trois races se mêlent, a fait plus : elle le tient à la lisière, vote les lois importantes par-dessus lui et à défaut de lui.

Je n'entre point dans le détail de ces institutions diverses, parce qu'elles contiennent une forte part de Germanisme qui ne nous convient pas du tout.

Eh bien ! prenons-en d'autres.

Ou celles-là — en les francisant.

Nous ne sommes point Allemands, ni Grecs.

Latins, pas davantage.

Apparentés tout au plus — par places, et de très loin.

Nous sommes Français — rien autre.

Serre la France de près, si tu veux tailler un habit qui lui aille.

LETTRE XXXII

Au même

« — *Le pays ne peut administrer.* »
A coup sûr.
Il n'est pas question de ça.
Administrer et être l'Etat sont choses distinctes.
Que de rois n'administrent jamais! — Ils veulent, par-dessus les ministres.
Et, si un écart se produit, leur prérogative l'annule, ou le réprime.
Le pays est dans le cas de propriétaires indivis.
Ceux-ci n'administrent pas.
Ils délèguent ensemble une gérance active et subalterne.
On exécute par eux et sous eux — le moins qu'ils se mêlent du détail est le mieux. Mais le gérant ne leur impose pas ses vues.

Quelques-uns voient dans l'Exécutif le valet du peuple.
Disons: le bras.
Les délégués du pays ont mandat d'agir en son lieu et place, et non de substituer leur volonté à la sienne?

Or, c'est ce qu'ils font, firent — et ne cesseront de faire que par force.

Pourquoi ?

C'est qu'ils sont l'Etat même, l'incarnent, se l'identifient.

Identifions-le au pays. — Ils n'en seront plus que les membres.

Il y a un demi-siècle, les partis s'en fussent tirés à bon compte.

L'Opinion admettait qu'ils occupassent l'Etat.

Elle exigeait simplement de ne point être prise à rebrousse-poil, et qu'on ne la traînât pas de force où il lui répugne d'aller.

Ce minimum ne nous suffit plus.

Alors, si — et longtemps. En le donnant, Napoléon fût resté, et Louis-Philippe, les Bourbons même.

Mais il y eut de tout dans leurs chartes et constitutions imbéciles, sauf ceci indispensable :

Un mécanisme qui les mit dans l'impuissance de forcer le pays.

Je parle au passé. La France ne se contenterait plus de cela.

D'abord, parce que le refus obstiné qu'elle a reçu de tous l'a convaincue qu'elle ne l'obtiendra de personne.

Rebutée par eux, elle s'est lassée — ne s'énamoure plus de rois ni d'empereurs, retire ses illusions et concessions, veut tout.

Le minimum était de ne pas être menée à contre-sens.

Ce fut — ce pouvait être — le compromis monarchique.

En République, il s'agit d'aller où bon lui semble. A ses mandataires de prendre son pas.

Si, par malice ou sottise, ils s'en écartent, le peuple doit être pourvu d'une aiguille instantanée — qui les réaligne.

L'aiguille existe-t-elle ? Evidemment non.

Toutes affaires sont réglées, au nez du pays, par-dessus — et sans qu'il ait le plus petit mot à dire.

Il n'a rien, ni maximum, ni minimum.

On ne lui donne pas ce qu'il demande et on lui impose ce dont il ne veut pas.

On s'arrange même de façon à ce qu'il ne sache plus lui-même ce qu'il veut.

Thiers appelait ça : *mettre le gouvernement à l'aise.*

Et ce fut tout le ressort de sa politique. Aussi Thiers est-il l'homme qui a le plus déraillé.

Ne demandons pas notre route aux gens qui se sont cassé le cou.

Cherchons l'aiguille.

LETTRE XXXIII

A Henry Maret

MON CHER MARET,

Si j'adapte mal, rectifiez.
Faites mieux :
Réadaptez vous-même.
Ceci est un appel à des voix plus fortes que la mienne.
Et, l'ayant poussé, je rentre dans le rang.

Vous cherchiez.
Quoi?
L'impossible, le creux.
Pis que l'utopie et le rêve! — Sait-on jusqu'où le rêve peut être vécu?
L'utopie s'appuie à la nue....
La nue, dans ses écroulements même, a des pluies qui fécondent.
Rien de tel ici.
Vos terrains sont connus, plats, analysés.
Et on leur demande ce qu'ils n'ont pas.
A l'instabilité — vous dites :

9

« *Tu seras stable.* »

Ce qui, de nature et nécessairement, diverge, — on le concentre.

Il me semble voir semer de la vigne en pleine mer, et du poisson sur les roches.

Une similitude me vient :

Le moyen âge eut ses maniaques — sorte de fous sérieux. Ils cherchaient l'extra humain, ou le contre-nature... et d'autres, le hors de sens.

On rit d'eux. Ils reviennent — plus sérieux que jamais,

Aussi fous!

La science les mit dehors. Ils rentrent par l'Etat. *La pierre philosophale* a donné des pousses politiques.

On s'obstine au *mouvement perpétuel.*

Qui?

L'Outre-Gauche — extra-fébrile.

J'ai dit la folie Opportuniste. Elle procède spécialement de cette ânerie mathématique, appelée *quadrature du cercle.*

Ils veulent gouverner avec l'ingouvernable — avalent par l'intestin.

La Droite ne fait point l'or.

Mais elle prétend faire de nous — qui ne savons

plus toucher au trône que pour le casser — des royalistes.

Évidemment la bonne dame cherche sa pierre —
qu'elle ne trouvera pas.

Ni l'Opportunisme.

Ni vous.

Je cherche aussi — mais de loin .. n'étant pas
comme vous sur les bords même de l'État.

Je prends le vif du pays, sa race, ses origines, son
angle d'arrivée et d'incidence sur le plan de l'éclip-
tique humaine.

— Ai-je la prétention de tout dire ?

Non. J'épèle.

Il s'agit d'agencer. Or, dans chaque agencement,
il y a l'excellent — qu'on ne trouve pas du premier
coup — puis, le moins bon, le passable.

J'indique mes vues — avec cette réserve que, si
on trouve mieux, je m'y rallie.

Et même à pis, pourvu qu'on l'applique. Car une
application vaut dix théories.

Voyez jouer des enfants :

Une main lance le cerceau...

Est-il en équilibre ?

Non. Immobile, il tombe. On le redresse en courant.

Nous avons une constitution.....

A propos, révisera-t-on? Tenez-vous à ce qu'on révise? Le pays y tient-il?

Vos amis disent que oui.

Les Gambettistes jurent que non.

Et — fort illogiques — ils ont réuni le congrès.

De fait, personne ne s'en soucie.

Chacun sait que c'est indispensable. Mais on est si sûr que ce sera inutile!

— Nous avons déjà cassé dix constitutions.

Je les prends une à une.

Celles de 91 — de l'an II — de l'an III — de l'an VIII — de 1804.

L'acte additionnel.

Les deux chartes.

Les constitutions de 48 — de 52.

Toutes — en un point — constituaient.

La vôtre, pas. Et de parti pris. On l'a votée par lassitude — à une voix de majorité.

Moins vide, elle échouait.

De tant de casse, il s'était formé une sorte de résidu, ou pot pourri organique. On l'y fourra de toutes mains, pêle-mêle et à la hâte.

Une Constitution, cela !

Dites : *un intitulé d'inventaire.*

On crut pourtant y insérer une clause — porter défense au Gouvernement de déclarer la guerre à lui seul. Tout le monde était d'accord. Et cela même n'y est pas, ou facile à tourner.

Quand Jules Ferry voulut la guerre, il ne la déclara point, — la fit.

On a dit des Constitutions : *Ce n'est que du papier écrit.*

Celle-ci est du papier blanc. — Néanmoins, et par là, elle vaut.

Comme M. Grévy au fauteuil!

Ce n'est pas qu'il soit bon — mais il empêche un mauvais de s'y asseoir, et est en train de démontrer l'inutilité d'y mettre quelqu'un.

Lui président, il n'y en a point.

Or il suffit.

Donc on s'en passe.

De Constitution, aussi.

Celle-ci étant nulle — ce qui est ne pas être, — gardez-la. On peut remédier à tout sans y toucher.

Et une autre ne remédierait point.

Qu'est-ce qui vous gêne là-dedans?

« *Le Sénat obstacle?* »

Est-ce qu'une borne empêche de circuler dans le Champ-de-Mars?

Si on va butter dessus, oui.

Passez à côté.

A qui et avec quoi voulez-vous que le Sénat fasse obstacle?

Comme aspect, c'est une momie.

Et comme force, un reflet.

Il est des pouvoirs directs.

D'autres valent par le choc en retour. — Ainsi la presse.

Le Sénat n'a point de part.

Est-il encombrant?

Pas même — à moins qu'il ne serve aux autres de masque — ou de cortège.

Derrière l'Exécutif, il fait figure.

A l'encontre, il ferait rire.

LETTRE XXXIV

A Eugène B......

Mon cher Eugène,

Surtout, plus de Constituante!

Nous en eûmes quatre, dont deux illustres : les Etats-Généraux et la Convention.

Je ne les diminue point.

Elles mirent l'ennemi en déroute, et l'ancien régime.

Ce fut grand.

Mais elles ne réussirent point à constituer.

La Constituante de 48 saigna Paris; et celle de 71 l'assomma.

Ce fut bête. — Mais elles ne constituèrent pas mieux.

La Versaillaise accoucha comme on avorte.

De plus en plus, le fœtus est laid — et les mères en ont conscience.

Lorsque la grande Constituante vit sa pâle fille, elle en eut honte — ou peur; y fit des retouches, la gâta encore.

Les Conventionnels votèrent — l'une après l'autre et sans désemparer — deux constitutions.

L'aînée ne vécut pas. A peine transcrite, on la biffa, comme impraticable. — J'accorde qu'elle l'était, mais pas plus que sa cadette.

L'assemblée de 48 scinda son œuvre en deux parts :

1° Un préambule, bavard et confus.

2° Des annexes ou lois organiques, afin de préciser le sens et de donner la clef.

Quand elle en fut au 2°, elle s'évada.

A Versailles, on ne s'entendit jamais sur le fait de constituer.

Les uns disaient :

— *Nous sommes constituants... ne constituons pas.*

Et les autres :

— *Il se peut que nous ne soyons pas constituants. Constituons quand même.*

Cela usa tout le temps.

Et, à la dernière heure, on pondit la Constitution républicaine que tu sais.

Les Royalistes jurèrent qu'ils ne la voteraient point.

Et ils l'ont votée.

Les Républicains protestèrent qu'une fois au pouvoir, ils ne la garderaient pas vingt-quatre heures.

Ils y sont et la gardent. D'enthousiasme ?

Non.

D'instinct.

Pour en changer il faudrait une cinquième constituante.

Or la quatrième fit pis que la troisième ; celle-ci, pis que la deuxième ; et la seconde, pis que la première.

La cinquième fera pis que toutes.

Chacun le sait ; personne ne le dit.

Pourquoi ne le dit-on pas ?

Parce que le public écoute.

— Note que le public le sait aussi.

Si mal bâtie que soit cette constitution, on s'y raccroche, comme à la dernière épave.

Les Opportunistes seuls sont ici de bonne foi.

— Ils reculent.

A leur place, tu reculerais.

Moi aussi, et tout le monde.

Mets Clémenceau où M. de Broglie à la tête de

l'Etat et de la Constitution, ils n'y changeraient que
des virgules — et sans Constituante.

— Constituer est un acte.

L'acte veut l'homme. Il est fait d'initiative et non
de délibération; les assemblées y sont impropres.

Le premier venu, bien encervelé, vaut mieux.

Pas une de nos constitutions n'a tenu dix ans.

— Si, trois ; — mais aucune des trois ne fut déli-
bérée :

1º Celle de l'an VIII. Bonaparte la fit seul, et elle
nous encadre encore.

2º La Charte — don de Louis XVIII, qui dura
presque un demi-siècle.

3º Le suffrage universel — né en dix minutes. Et
de qui?

On ne sait pas au juste.

LETTRE XXXV

Au même

Faut-il une Constitution?

L'Angleterre n'en eut jamais.

La Suisse et l'Amérique en ont, mais ce sont des
Etats fédéralisés. — Le fédéralisme d'Etats est un
contrat. On conçoit qu'il faille l'écrire.

9.

Où était la Constitution de l'ancien Régime ?

Personne ne l'écrivit.

Et elle tint — usant les siècles.

Je ne sache pas que la féodalité franque qui précéda nos rois et si longtemps vécut, côte à côte avec eux, se soit jamais réclamée d'une Charte ou Constitution.

Nos érudits ont trouvé un édit de Charles le Chauve, qui joue un certain rôle — comme colle au bachau.

En son temps, il ne pesa guère.

— La loi salique prit son droit de rien du tout — d'un texte forcé.

Les Constitutions sont des dogmes politiques et jamais un dogme ne sortit d'une page écrite.

Il l'écrit lui-même — ou s'en passe.

La France eut ce dogme.

Le Roi.

Elle le brisa en 89. N'en a-t-elle plus ?

Si, cet autre :

La Nation.

Il n'y a vraiment que cela de constitutif chez nous.

Faut-il une assemblée pour le dire ?

Nos dix ou douze Constitutions proclament la Nation.

Ce fut leur point d'appui.

Et immédiatement elles la dépossèdent — d'où
vint l'effondrement.

On peut les résumer toutes, en deux articles :

Article premier. — *La Nation est souveraine.*

Art. 2. — *Elle est interdite.*

Suit le dispositif, variable, qui la pourvoit d'un
conseil de tutelle.

Aucun dispositif n'a valu.

Et leur préface était inepte, impertinente, impie
— puisqu'elle va à l'inverse du dogme.

Supprimons-la.

Reste l'article premier.

« *La Nation est souveraine.* »

Ceci mis au-dessus de tout (1), — le reste, transitoire, appartient à la loi et au juge.

Le juge sera libre, la loi aussi. Et il est bon qu'ils
le soient.

Libres de fait, non de conscience.

Ils dévieront peu.

Et s'ils dévient, fie-toi à la conscience publique
pour saisir la discordance et les réaligner.

---

(1) Isoler un dogme le renforce. Vois les catholiques.
Depuis que l'esprit jésuite a réduit leur église à ce dogme
unique : le pape infaillible — elle a pris une cohésion et
netteté inouïe.

LETTRE XXXVI

A Henry Maret

MON CHER MARET,

Pas de constitution bavarde !

Vous me pressez d'en tracer une, et je la tire toute faite de nos convulsions même.

Je l'entends courte, réduite aux points consentis de tous, — et qu'elle n'appartienne à personne, ni à un parti.

Cette constitution que vous cherchez existe depuis cent ans.

Elle se résume ainsi :

Les Français ne veulent obéir qu'à la France même.

Ce fut dit en 89.

On a touché à tout, depuis.

Pas à cela.

Y a-t-il un second point sur lequel l'unanimité se soit faite?

Non.

D'autres ont été affirmés, puis démentis, repris,

jetés au rebut. — Ils restent en ballotage, avec des fortunes alternées.

Je conclus :

1º Que le premier seul est constitutif ;

2º Que si les Etats-Généraux y eussent réduit la constitution, et passé tout suite à la confection des lois, nous n'aurions pas sous les pieds, à l'heure qu'il est, cet amas de constitutions cassées.

Les lois sont transitoires et révocables ; elles répondent à l'innombrable variété des minutes successives.

La constitution sert d'abri au corps social pendant une suite de siècles.

— C'est l'axiome.

On déduit de l'axiome ; mais il ne faut pas l'alourdir de ses corollaires.

— C'est le dogme.

Quiconque ajoute au dogme, y met l'inutile ou le contradictoire.

Et les constitutions ne supportent pas cette surcharge. — Des vomissements s'en suivent : un, puis deux, trois.....

Ils commencèrent pour nous au 10 août 92, et ne finissent pas.

LE MOULE A FAILLITES

LETTRE XXXVII

A un Gambettiste

Juillet.

HONORÉ MONSIEUR,

Je vous accorde — contre la Droite — que la République est définitive.

Et — contre les Intransigeants — qu'il ne faut pas l'épuiser d'un coup.

J'admets encore:

Que le conflit aveugle, échauffé, irréductible, des partis nécessite un arbitrage ;

Que le chemin des possibilités varie ;

Qu'il ne suffit pas d'être au but pour y porter les autres ;

Et que, si exacte que soit une formule, on doit la mettre au point des esprits.

— Suis-je donc Opportuniste ?

Pas le moins du monde.

Rien d'abord ne nous sépare.

Et vite tout.

D'accord sur l'arbitrage, nous ne le sommes plus sur l'arbitre.

Qui posera les jalons de halte et de bifurcation ?

« — *Nous* », disent vos amis.

Je dis :

« — *Ni eux, ni personne* ». Et j'ajoute :

« — *Si ce pouvait être quelqu'un, ce serait eux.* »

Car j'admire l'illusion produite par Gambetta. Jamais, prenant une idée fausse, on ne l'habilla si juste.

Cet homme fut extraordinaire et fit des choses inouïes ; par exemple, de l'arbitraire souple, et une Eglise où l'on entrait de partout. — Etranger de face et de profil, il eut ce don si français : ne s'alourdir sur rien.

Il n'a point laissé de dogmes, et par là vous n'êtes pas jacobins. — Je dirai tout à l'heure en quoi vous l'êtes.

Incapable de penser, il ne s'éleva point au-dessus de son temps, ramassa nos ruines, et mit en œuvre ce qui restait du parlementarisme et de l'Etat.

S'il se fût appuyé exclusivement à l'un ou à l'autre, leur décrépitude l'entraînait.

Thiers l'essaya, Mac-Mahon aussi. Ils tombèrent — et de chute lourde, ridicule.

Gambetta le prévit et prédit.

Poussé aux environs de l'année 55, ses souvenirs allaient du 2 Décembre à Sedan — fosse double. L'Etat gît dans l'une ; le Parlement dans l'autre. Et personne ne les ressuscitera.

Le rusé Génois ne s'y hasarda point.

Il amalgama leurs squelettes, et — sans imaginer que ce fussent des forces — les étaya à la sienne, se servit d'eux, comme un gymnaste d'haltères qui le maintiennent en équilibre.

Il jouait tour à tour du principat et des majorités.

En tant que parlementaire, Gambetta est dictateur ; et, comme dictateur, il est parlementaire.

— Or Gambetta revit en vous.

Où il campa, vous demeurez.

Vous n'êtes point une secte, ni même un parti — au sens fermé du mot. Votre porte reste ouverte sur le Nord et sur le Sud. Vos gens accueillent la recrue, d'où qu'elle vienne.

Est-on libéral, ils font place. Et, à l'autoritaire, ils font fête.

C'est même ce qui vous donne, je ne dirai pas le pouvoir, mais la vacance du pouvoir. Ne sachant plus du tout par qui elle aimerait à être gouvernée, la France vous a passé les rênes — et jusqu'à ce jour vous les laisse.

Vous êtes syndic de la faillite. Rien de plus. Or voici quinze ans que la liquidation dure.

Je dis liquidation, puisque vous n'exploitez point
à nouveau. Ce dont témoignent les faits — la constitution, par exemple.

Est-ce votre œuvre ?

Non.

Que n'en avez-vous pas dit ? C'était un œuf d'a-
vortement, le triste fruit de la triste Versaillaise.
En naissant, ça sentait mauvais. Vous deviez l'en-
terrer tout de suite. Ce fut promis, juré — aux
autres, et à vous-mêmes.

Et voilà dix ans que — de cette infection — vous
vivez et nous faites vivre.

On l'a revisée deux fois.

Est-ce revisée ? — J'aime mieux dire mouchée,
nettoyée, comme un poupon, de petites ordures
qui la gênaient.

Et avec quelles précautions jalouses, inquiètes,
amoureuses! On ne toucha point à la chair, ni
même à la peau. Il y eut des paroles données — et
tenues. Un vrai pacte.

Vous blâmé-je de cela ?

Non et oui.

Oui, si vous voulez vivre — et que le pays vive
par vous, de vous.

Non, si vous n'êtes que liquidateurs.

Avez-vous une Constitution prête ? faites vite.
Mais si vous n'en avez pas, traînez celle-là toute
véreuse, jusqu'à ce qu'elle vous pète aux mains.

Le pays ne se soucie point qu'on revise.

Nos lois constitutionnelles sont absurdes, les plus incohérentes que nous ayons eues. Modifiées, elles seront pires. — Et que la revision vienne de Droite ou de Gauche.

Qu'y mettrait la Gauche ?

— Un peu plus de Parlement.

Et les Droites ?

— Un peu plus d'Etat.

Or, il y a déjà trop de l'un et de l'autre — et c'est de quoi elle pue.

Les excès de l'Etat, et l'impuissance des Chambres !

On ne rabâche que ça au public, et il en fit durement la longue expérience.

Les politiciens ici se partagent. Lui, non.

Les deux griefs lui sont entrés ensemble dans la tête. Ils y font bloc. Il méprise le Parlement et se défie de l'Etat. Et ce qu'il leur reproche le plus, c'est de mener l'un à l'autre.

— Voilà comme il devint Opportuniste.

Je vais vous dire pourquoi il cessera de l'être.

Vos amis le mettent en arrêt de vivre, d'aller, de se mouvoir, paralysant sous eux l'outillage politique.

Ils éteignent les feux et noient le charbon. — Une machine, ainsi traitée, se rouille.

Un peuple, pas. Il éclate. Car le feu est en lui, inextinguible.

Faire halte, soit !

Y croupir, non.

Un homme marche.....

Tout-à-coup l'abîme coupe sa route; il recule.
— Une fosse est derrière; il s'arrête. Mais ce n'est
que pour aviser. Le croyez-vous donc assis pour
toujours? — et qu'afin de ne pas tomber dans la
fosse, il attendra que la fosse le prenne?

Il y sautera plutôt des deux pieds.

Une question, Monsieur. — Admirez-vous Guizot?

J'en ai peur.

Voici tantôt un demi-siècle que l'illustre péda-
gogue vous précéda aux affaires. Il jouait une
partie imperdable — comme vous.

Et il la perdit.

A force de s'accrocher au roi, il s'y souda, de
sorte qu'on ne pouvait plus ébranler l'un sans dé-
raciner l'autre.

Vous vous collez de même à la République.

Elle est indestructible... mais le roi de Juillet l'é-
tait presque.

Guizot en vint à bout.

Méfiez-vous de l'ornière, où un autre a buté.

Alors, comme à présent, il était invraisemblable
que le pays allât à Droite ou à l'Outre-Gauche. Y
glissa-t-il?

Non.

Et pourtant il se dégagea. Car on va même à l'in-

vraisemblable — et à tout, pour se sauver de l'intenable.

Guizot essaya de gouverner à vide.

Il avait la majorité des Chambres. — Vous aussi !
— et le pays en main, à discrétion.

D'où vint la culbute ?

De rien — et par une poignée de gens qui ne res-
tèrent pas.

Elle, si. Plus jamais la France ne voulut de Guizot et ne rappela les d'Orléans. Elle votait pour eux,
excédée — et eût continué. On l'en débarrassa ; elle
n'y revint plus.

Méditez l'apologue.

Autre grief : Vous êtes la queue des Jacobins —
ne niez pas ! — J'ai dit que vous n'en aviez pas les
dogmes. L'âme, oui.

L'âme du Jacobinisme fut la police.

Ils changèrent deux ou trois fois de dogmes, —
de cela jamais, et vous l'ont légué.

Ce sont eux qui, après les Jésuites, ont inventé
le casier judiciaire, l'individu, épié, noté. Rien ne
les fit tant haïr et n'a plus chargé leur mémoire.

On eût pardonné la guillotine.

Chacun oublie ses morts. Mais les gens qu'on a
étiquetés se souviennent. Est-ce la Constitution civile qui souleva les prêtres, en 93 ?

Non.

Leurs biens confisqués ?

Pas davantage, — Ce fut le serment, mesure de police.

On n'aime pas la police, chez nous.

Elle a ses fanatiques de parti-pris. — Ils se battent les flancs pour l'aimer, et en ont dégoût.

C'est instinctif, dans le sang, de race.

On s'y jette par peur — et on a peur d'elle. Il y a là un choc en retour des plus périlleux.

Or, vous êtes un gouvernement de police et — à cause de cela — vous disparaîtrez.

Votre police a beau être douce, scientifique, tutélaire, elle s'informe de ce que je fais, de ce que je crois, de ce que je rêve.

Cela m'est odieux et à tout le monde.

La police crée en France la solidarité, qui n'y existe que faiblement. Nos pères subirent la lettre de cachet, — et, devant l'Inquisition, ils se cabrèrent.

Nous ne tolèrerons point celle d'Etat.

Des pires tyrans, vous savez ce qu'on craint — le bras ?

Eh ! non.

L'œil.

C'est de police que meurent nos dictatures.

Si quelqu'un l'eût conçue non policière, elle se fût peut-être acclimatée.

LETTRE XXXVIII

Au même

L'Opportunisme et le Gambettisme s'emboîtent. Sont-ils adhérents? certes.

Identiques?

Non.

— Qu'est-ce que le Gambettisme?

Gambetta fut une sorte de héros anonyme, le dernier petit prophète occidental.

Il offre, sur plusieurs faces, un relief démesuré.

Ses disciples se meuvent dans l'ombre portée. On ne les démêle pas bien.

Y a-t-il de l'esprit là-dedans?

Aux annexes, oui — et beaucoup.

Ces annexes sont les Opportunistes proprement dits : gent très mêlée. Viennent-ils de Gambetta?

Comme le rat, du fromage.

S'il n'en vient pas, il y va, s'y infiltre, fait vraiment corps avec lui, ne le lâche que vide.

Les Opportunistes n'ont point lâché Gambetta — même mort.

Ils sucent le cadavre.

L'Opportuniste n'est guère républicain.

Les Gambettistes, si.
L'Opportuniste est fort délié.
Les Gambettistes, non.

Ils pèsent.
On reconnaît la secte à ce signe qu'ils veulent
avec force et ténacité.
C'est solide et carré.
Il y a de la borne, en eux.
Gambetta était borne aussi — borgne et borne —
et plus qu'on ne croit. Mais il s'en défendait, eut
de grands coups d'ailes, de subites envolées.
Les envolées ont disparu.
La borne reste.
Je ne médis pas de la borne politique — elle sert
d'assises. Les gens d'esprit édifient peu. Thiers eut
de l'esprit.
Bonaparte, non. Ni Robespierre.
L'un et l'autre voulurent — et obtinrent; — ont
bâti ce siècle.
Mais encore faut-il choisir ses matériaux !

Le pur Gambettisme tient en ceci :
S'obstiner à la République de l'an VIII.
Ni en deçà, ni au delà. — Tenir les promesses de
brumaire.
Notez que Bonaparte même ne les tint pas.
Le voulut-il ?
Je n'en sais rien, et la question est oiseuse ; car

elles ne sont pas tenables. — Il assemblait deux choses dont l'une exclut l'autre : la République et un maître.

Qu'on le veuille ou non, les Institutions de l'an VIII concluent à l'Empire.

Elles l'ont amené, ramené.

— Le reramèneront-elles ?

Rien de plus improbable, n'est-ce-pas ? et nous lui tournons le dos. Il n'est pas jusqu'aux royalistes, ses alliés, qui ne piétinent dessus.

Eh bien ! tenez pour sûr que nous y allons et très vite, si l'organisme actuel est maintenu.

Qui garde l'outillage, aura le produit.

Les Républiques s'y cassent.

Et même la Monarchie !

Louis-Philiqpe, les Bourbons, ici, furent aveugles. Inconscients ou apathiques, ils s'habillèrent de la défroque de brumaire — et en moururent.

On ne voit de leur chute que l'accident externe.

La Révolution leur succède, et il semble que ce soit la Révolution qui les ait renversés.

Mais à son tour, tient-elle ?

Non.

Elle croule.

Les forces ne manquaient donc pas pour la refouler.

Et nos rois périrent moins de l'attaque — que de ceci :

On ne les défendit point.

Cette réaction formidable, qui demain les vengera, dédaigne de les sauver.

Pourquoi?

Faute d'attaches, d'elle à eux. Il y en a d'apparentes — et innombrables.

En réalité, aucune. Les racines vigoureuses, énormes, ont été coupées de l'arbre par un ver. Et ce ver naquit des institutions mêmes dont ils crurent s'étayer.

C'est l'Empire latent.

LETTRE XXXIX

Au même

Vos gens n'ont pas détruit l'empire — ils sont entrés dedans.

Or, écoutez l'axiome que Machiavel a pris sur le vif de l'histoire : « *Quiconque, ayant abattu une bête, la laisse vivre, sera tué par elle.* »

Que sera-ce si la bête est infectée d'un venin tel que deux fois il l'a, elle-même, empoisonnée !

— L'illusion que, sans être l'Empire, on peut vivre de l'Empire, est singulièrement tenace.

Elle a traîné tout le long du siècle, ne fit grâce à personne — menant les Bourbons à 1830, Louis-

Philippe à 48, et la deuxième République au 2 Décembre.

Où vous mène-t-elle ?

Ce qui reste de crédit à vos gens repose sur une
équivoque.

Les voilà en quête d'un maître bénin — pas sanglant — qui comprime les lois et nos têtes, sans les
casser.

Petit, grand, n'importe !

Plutôt civil — et même militaire : Thiers ou Mac-
Mahon. Ils crurent le tenir en Gambetta, et res-
sayent avec Ferry.

Ils appellent ça : *la stabilité ministérielle.*

A Droite, on dit : *la poigne.*

Ce sont deux idées prises sur le même oreiller.

Et on les colle à celle-ci qui ne cadre pas : *la solidité de l'État.*

L'artifice est de les identifier.

Car le pays a besoin qu'on ne le mette pas tout le
temps cul sur tête — voilà ce qui l'intéresse.

Et la fortune des partis, pas du tout.

Les partis sont juste placés à l'autre bout de la
lorgnette. La solidité de l'État ne leur importe guère ;
la leur, si.

— A qui sert la *stabilité ministérielle?*

Aux ministres. Elle les rend quasi-inamovibles
et leur permet d'enfiler une à une les sottises.

Qui pâtit des sottises ?

Le pays.

— A qui sert *la poigne ?*

Aux agents et fonctionnaires. Elles les couvre de tout — et au-delà.

Qui en est mâché ?

Le pays.

L'ordre public est-il plus solide ?

Au contraire, jeté en péril. Et, tôt ou tard, il saute.

L'Etat à poigne refoule le pays, ses besoins, ses idées, ses désirs. La stabilité ministérielle de même, en plus petit. Compression ici et là.

Et la compression, facile au début, a pour extrême limite le degré de compressibilité.

Suit l'explosion.

Votre stabilité n'est pas celle du pays. Mais, pour se faire suivre de lui, l'Opportunisme — après l'Empire — mêle les deux, essaye de donner le change.

En brumaire, et encore en 51, ce fut un coup de maître. Cette fois, non — le plagiat vient trop tard.

L'expérience a été faite, refaite, surfaite. Et elle nous crie :

« — *La solidité de l'Etat est en raison inverse de sa poigne.* »

LETTRE XL

Au même .

L'Opportunisme est un mariage sec, entre :

L'Etat eunuque, d'une part ;

Et une République privée de matrice, d'autre part.

— Voici à quelle occasion, il fut bouclé :

Après Sedan, le peuple eut plein le dos des classes dirigeantes. — Il n'en voulait plus — ni être dirigé. C'est l'idée qu'il exprima par le mot République, partit là-dessus au 4 septembre — et en chasse des Prussiens.

En l'énervant, on le mâta.

Quand il eut été rossé au Nord, à l'Ouest et à l'Est, on lui fit tendre ses fesses à la botte prussienne, et dire merci.

Il indemnisa les pauvres vainqueurs en milliards sonnants — et s'arracha un lambeau du corps, pour que, la paix faite, ils eussent du sol et de la chair française à mordre.

Puis les gens de Versailles le saignèrent à la tête (*fusillades de Paris*).

Et même, on la lui coupa (*décapitalisation*).

Il céda tout, — sauf un point : la République !
rien que le nom, l'étiquette ; mais buté à cela.

Et il tenait en main le bulletin de vote.

— D'autre part, les hauts et privilégiés Messieurs
étaient absolument rétifs à la République, même
nominale — et en tout cas, résolus à ne jamais subir d'elle que le nom.

Le bulletin de vote ne les effrayait guère.

Car ils tenaient l'Etat, l'armée, le juge.

On s'attendait à un coup de torchon — lorsque
les habiles dégagèrent une base de négociations
qui, de guerre lasse, aboutirent.

La République se soumit à l'Etat de brumaire,
mais avec clause formelle et garantie qu'elle serait
à l'abri du viol.

... L'Etat fut chaponné.

De leur côté, les tenants de l'Etat avaient moins
horreur de la République que des fils qu'elle lui
ferait.

... On la mit hors de possibilité d'en faire.

Là-dessus, on publie les bans. Gambetta garantit
la fiancée, et Thiers présente le futur.

Me Buffet passa l'acte.

Ou Me Dufaure, je ne sais lequel — peut-être ensemble. Ce pauvre Guillemot des deux n'en fit
qu'un.

Il disait : Buffaure.

LETTRE XLI

Au même

On peut définir l'Etat : un outil doué d'initiative.
Il est à jeu double :

1° Moteur.

2° Mécanisme.

— Or, le mécanisme, chez nous, ne vaut rien.

Ses pièces maîtresses ont été importées de l'étranger.

Le reste est de fabrication absurde et savante.

C'est ajusté aussi subtilement que des ressorts d'horlogerie.

La machine semble parfaite. Mais ne lui demandez que d'amuser les yeux ou l'esprit. On en tire vanité, et l'on ne sait pas y vivre.

Elle est plaquée, fabriquée par les lois, en arrière et à l'opposé des mœurs. Le pays est simple ; elle, compliquée. On ne nous prit point mesure, et l'outil blesse.

L'ouvrier vaut-il ?

Hélas ! pour valoir, il faut être.

L'ouvrier d'Etat, à l'heure présente, c'est vous.

Et vous n'êtes pas même nommés.

L'*Opportunisme !* Quel nom est-ce là ?

Je le trouve creux, louche, d'une banalité à faire rire, ou peur.

D'où sort-il ?

N'est-ce pas Rochefort qui vous l'a jeté comme une injure ?

Et vous le prîtes quand même, faute de pouvoir en tirer un de la Gauche. La Gauche, au Gouvernement, se masque.

Elle édite et ne signe pas.

Les régimes déchus furent moteurs à leur manière — en bien, en mal.

Celui-ci, non.

— On distingue très-bien ce que voulurent les gens de la première République.

L'État resta moteur jusqu'en 70, et de façons diverses :

Violent avec Bonaparte.

Acharné, sous la Restauration.

Tenace, sous Louis-Philippe.

Plein de sève avec Napoléon III.

En 71, il échoua aux mains de Thiers qui réduisit tout à l'organisme, supprimant le moteur.

Et cela dure encore.

Négatif lui-même, Thiers nous mit à son point.

D'ailleurs la France était à terre — et lui désabusé, découragé. Sa formule fut celle-ci :

Ne rien imposer au pays, mais refouler ses exigen-

*gences — vivre de mécanisme, user le cœur et l'enthou-
siasme.*

La Commune s'insurgea à Gauche ; et à Droite, les
gens de l'ordre moral.

Thiers fut désarçonné.

Il biaisa et vainquit. — Mais voici ce qui arriva :

Les vainqueurs ordinairement enlèvent ou cou-
vrent les traces des vaincus.

Ici, pas du tout.

Notre histoire, depuis quinze ans, n'a retenu que
trois dates :

18 mars 71 … 24 mai 73 … 16 mai 77.

La Commune, si courte, fut moteur ; et l'ordre
moral essaya de l'être.

On a retenu leurs buts opposés.

L'empreinte est nette ; chacun la voit.

Mais il semble que vos gens, au pouvoir, ait marché en l'air ou sur le sable. Et à mesure des années,
ce n'est pas leur taille qui s'accroît, c'est leur
ombre — effaçant tout.

Les Gambettistes n'imitent de Gambetta que son
évolution vers Thiers.

Encore l'exagèrent-ils !

Car Gambetta ne renonça point à l'acte. — En
parlant, il agitait l'opinion ; et ses discours traînent
des lambeaux d'idées.

— Sa fin fut d'un lutteur.

Il fit l'amnistie, affronta le peuple, tint tête à la

Chambre, menaça les barons juifs — et tomba de chute voulue.

Mais le lion s'était ravisé trop tard. Un thiérisme énervant l'engluait.

Sauf l'amnistie, il manqua tout, et partout bute — au Sénat, à Belleville, à la Chambre, contre la juiverie.

D'où la rage lui enflamma le sang jusqu'aux entrailles — et elles crevèrent.

Il mourut, très vivant. — Et Thiers mort lui succéda.

Ferry se réclame de Gambetta; et Freycinet, de la liberté. Au fond, ils sont l'un et l'autre thiéristes convaincus.

Et l'État actuel répond exactement à cette équation-ci :

Thiers + Gambetta — Ferry.

LETTRE XLII

Au même

L'Opportunisme règne et gouverne.

Agit-il ?

A l'officiel, oui. Et les lois s'allongent en interminable queue.

De fait, non.

Ils disent que si — et tout de suite ajoutent que, le pays n'étant prêt sur rien, tout est remis à demain.

La contradiction est si effrontée qu'ils ne s'en aperçoivent même pas.

En somme, et venant à disparaître, combien d'œuvres laisseraient-ils ?

Pas une.

Et, traînant encore dix ans, vingt ans, quelle mèneront-ils à fin ?

La loi militaire — si urgente dès 71 — n'est qu'ébauchée.

Elle traîne de législature en législature.

Quinze ans de remise !

Une Chambre la vote, une autre l'oublie.

Les ministres ne s'accordent point.

Le Sénat, si — pour la mettre en pièces.

« — *Tout le monde soldat!* » avait dit le pays.

L'Assemblée de Versailles, en arrivant, répéta le cri.

Elle en était toute imprégnée — de *décentralisation* aussi — et faillit s'en faire une page illustre.

Thiers ne le permit pas — ni vos amis.

Ils inventèrent le volontariat à l'usage des gens du monde.

Du clergé, on ne souffla mot.

Il reste exempt de l'appel ; et les riches, de la corvée.

Deux privilèges! et greffés en pleine fièvre de réformes! ce fut un coup de maître.

Mais, comme tous les coups à rebours, il ne profite à personne.

— On parle de revenir là-dessus.

Illusion pure! les privilèges ne s'arrachent pas comme ça.

Le service est et restera pour tous, sauf exceptions et prétextes.

On retournera le prétexte; on raccourcira l'exception, à moins qu'on ne l'allonge — quant à la supprimer, je les en défie.

— Voilà ce qu'ils ont fait du service obligatoire.

Et de la centralisation?

Rien du tout.

Si, pourtant. Même des eunuques, on ne doit pas médire. Ils firent deux lois:

1º La loi Tréveneuc.

2º La loi des maires.

— La loi Tréveneuc a le profil dantonesque.

« *En cas de violation des Chambres, les conseils généraux se réunissent de plein droit.* »

Mais, bon Tréveneuc — cet homme doit être bon — ce sont les coups d'Etat et révolutions qui violent les Chambres.

Une révolution, savez-vous ce que c'est?

C'est le pays qui tout-à-coup change son fusil d'épaule.

Il en a bien le droit.

Et un coup d'Etat, c'est l'Exécutif, la magistrature, le clergé, l'armée, la police se jetant tous ensemble sur la France et l'étranglant net.

Or, il y a apparence que, la France une fois étranglée, les conseils généraux auront du râle dans la gorge.

Je les vois partant en guerre au 2 décembre.

— Il eût fallu plus de gendarmes pour les rassembler que pour les mettre à la porte.

La deuxième loi donne aux conseillers municipaux la nomination des maires.

Et notez que la loi Tréveneuc — absolument idiote — a passé tout de suite, d'acclamation.

Celle-ci, non.

On s'y est pris à trois fois.

Certes... et si l'on se place au point de vue des préfets, il était impossible — à moins de les supprimer — de trouver rien qui leur fût aussi désagréable.

La mesure est bonne, excellente — au moins pour nos 70,000 maires et adjoints, qui ne sont plus obligés d'aller s'aplatir dans les antichambres.

Il est vrai qu'on peut les y ramener — la corde est allongée, point coupée. On garde le droit de suspendre, de casser, de rendre inéligibles. — Un préfet à poigne peut encore trouver sa vie là-dedans.

Et la belle jambe que cela fait aux électeurs !

Ils nomment leur maire, — pas directement. — On a eu peur.

Et ce maire élu doit soumettre au préfet les arrêtés qu'il prend.

On dispose, sans lui, de l'agent-voyer, de l'instituteur, du curé, du percepteur, du garde champêtre, c'est-à-dire de la police, des finances, de l'église, de l'école, des routes, de la vie communale.

L'Etat garde toutes les attributions, et, comme de juste, tout l'argent.

L'impôt sué par le paysan des Landes ou le marin de Bretagne paie les musées de Paris, l'Institut de Paris, l'Opéra de Paris.

On laisse des bribes à la commune.

Elle a la taxe des chiens.

L'Etat, du reste, est bon prince. — Il fait l'aumône. — Les communes sont au crochet du gouvernement.

Il y a des secours pour les chemins, des secours pour l'école, pour l'église, pour l'agriculture, sans compter ces grâces personnelles qui prennent le nom de traitements.

C'est une rosée, une pluie qui ne tombe pas des cieux — mais du préfet.

Du préfet et du député !

Car le préfet et le député, amis, roulent les flots du Pactole. — Ennemis, chacun d'eux ne garde que de minces filets.

11

Les contrées où la bienheureuse conjonction a lieu sont grasses, domestiquées, comblées.

Les pays de disjonction ou opposition jouissent d'un peu de liberté, mais toute sèche.

En fait de liberté, vos gens ont codifié quelques tolérances de l'Empire vieilli, — sauf en ce qui concerne la liberté d'enseignement.

De celle-ci, il n'y a plus rien. — Elle est et demeure supprimée, sous prétexte qu'elle concubinait avec le clergé.

On a installé, à sa place, sous le nom d'*Instruction laïque, obligatoire et gratuite*, une mécanique horriblement chère, qui sue la police par tous les pores, et que tout le monde sait n'être pas définitive.

.Du reste, aucun souffle nouveau, — querelles de catéchismes, — rien d'utile pour l'enfant.

Sur le terrain des affaires, c'est pis.

Le budget de la France est encore cette salade d'exactions et de vexations exhumée de l'ancien régime. Ni ceux qui le votent, ni ceux qui le proposent, ni ceux qui l'encaissent ne savent ce qu'il y a dedans. C'est une tire-lire. On trouve au fond cent millions de plus — ou de moins.

Si c'est de moins, on fait repayer ; si c'est de plus, on ne rend pas.

— La lutte économique dure toujours.

Elle s'est même compliquée.

Les ouvriers restent à la merci du capital, et celui-ci a été mis en coupe réglée par la haute et basse juiverie. Le krack donne la réplique aux grèves.

Tous appellent un Messie qui les tire de là. Et le Gouvernement fait le mort.

Arrogant ailleurs — ici, il se tient coi.

Ce n'est pas que ses sympathies aient changé. — Au fond, il est pour le capital; et, de temps en temps, il envoie les fusils pacifier une grève, ou arrête un banquier véreux.... mais en sourdine, bénin, bénin.

En cas d'alerte, et si l'on demande une réforme, il l'étudie.

Dès qu'on n'y pense plus, il la classe.

Serré de trop près, il se sauve derrière une commission d'enquête — qui berce et endort le malade.

C'est de la thérapeutique stupéfiante.

L'Opportunisme est-il protectionniste?
— Probablement.
Libre-échangiste?
— Peut-être.
Je vais vous dire ce qu'il est:
Faible et nul — d'autant plus nul que les questions sont capitales, urgentes.
Ceci, pour le dedans.

LETTRE XLIII

Au même

Au dehors, vous vacillez. Aucune tenue. Et c'est le pis.

La tenue est ici la qualité maîtresse.

Toute politique qui ne se dément pas donne des fruits. — La meilleure, non... si elle dévie.

Or la vôtre n'est pas bonne ; et de plus, elle ne tient pas en place.

Vous ne faites pas un geste qui ne biffe le geste d'hier.

... D'abord, on se recueillit.

Etait-ce bien ? Le recueillement ne nous va guère.

Mettons que si.

Cela ne tint pas.

... A la première occasion, on rentra dans le concert Européen — ce qui était une drôle d'idée.

Et encore si on y fût resté !

... On n'y était pas plus tôt, qu'on en est sorti par des coups de tête.

J'avoue que le coup de tête est français. On bâillait dans le concert Européen. La France est de sang vif.

Tunis a fait plaisir...

L'Egypte ne choqua guère.., ni Madagascar...

Le Tonkin eut de chauds partisans...

Et c'est quelque chose d'amuser le bourgeois — mais il n'y faut pas trop de risques.

Que le jeu coûte une jambe, à la bonne heure — si c'est la tête ? Non.

Il y a aventuriers et aventuriers :

Les uns sont des héros.

Les autres, des casse-cous.

Ou allons-nous ? — et avec qui ?

Du diable, si quelqu'un le sait ! Qui sème les balles, récolte les obus.

Et, à l'heure des obus, qui nous appuyera ?

Le Czar ?

Ce n'est point sûr. On lui a fait des avances, et puis on s'est tu. — Il nous oublie.

L'Angleterre ?

Peut-être. — A moins pourtant que ce soit elle qui nous les envoie.

L'Angleterre ne connaît que les intérêts anglais.

Elle a été l'alliée cordiale de Napoléon III et de Louis-Philippe, tant qu'ils l'ont servie. Pas une heure de plus ! Gambetta voulut se servir d'elle. C'était naïf. Les Gambettistes alternent à son égard les caresses et les coups de pied. Au fond, cela lui est égal. Elle est patiente ; mais elle a l'œil.

Nous l'avons empêtrée en Egypte, taquinée à Madagascar, gênée en Chine.

Méfions-nous !

L'Angleterre douteuse, le czar écarté, l'Autriche absente, — que reste-t-il ?

L'Allemagne.

On a osé parlé de l'alliance allemande.

Je ne relève pas les hontes du mot, mais ce qu'il a d'absurde.

L'Angleterre, qui ne sera jamais notre alliée, ne nous veut pas de mal.

L'Allemagne, si.

Et toujours — dans le présent, le passé, l'avenir. C'est l'ennemi héréditaire. Ils le disent de nous. De nous, ce n'est pas vrai.

Mais d'eux à nous, oui.

La querelle commence au quatrième siècle — par les Francs.

Ils nous ont conquis à deux reprises, imposant leur nom. Nous les avons absorbés et chassés. Rome et l'Italie les détournaient. Puis ils revinrent.

Et cela dure encore.

Vaincus, ils ne se lassent — et vainqueurs, ne se rassasient point.

Nous nous arrêterions au Rhin.

Eux, nulle part : ni à la Seine, ni à la Garonne, ni au Pô, ni à l'Ebre. Ils sont — comme au temps d'Alaric, de Hlodowig et de Karl — l'envahisseur allemand.

Nous nous battons par honneur ; et eux, pour

prendre. S'ils nous tendent la main, c'est pour la mettre dans nos poches.

L'alliance allemande nous vaut exactement ce que l'alliance russe vaut à la Pologne ou aux Turcs.

Qui, alors ?

Notre frasque à Tunis nous a attachés aux flancs deux ennemies mortelles :

L'Italie.

L'Espagne.

... Le reste ne compte guère.

Tel quel, c'est notre seule réserve — et, bien épaulée, elle compterait.

Ces cinq ou six petits Etats neutres ou neutralisés forment un effectif de 25 millions d'âmes, composé des races les plus instruites et les plus solides de l'Europe (Suisse, Pays-Bas, Scandinaves).

Jetés en ordre dispersé et sans profondeur, mais sur une seule ligne, à la file indienne, ils séparent les masses orientales (Tudesques et Russes) de la France et de l'Angleterre.

C'est une force latente et réelle.

— Pouvez-vous compter sur elle ?

Hélas ! non.

Le second Empire les avait exaspérés contre nous.

La troisième République les agace et les déconcerte.

Au fond, ils nous aiment — et partout le menu peuple.

Ce sont nos seuls alliés, et fidèles, entêtés.

Voilà près de cent ans qu'ils nous cherchent.

Mais cette fois ils se demandent si la France n'est pas éteinte.

Elle parlait de liberté, ou de gloire, ou d'art et de poésie. Et ils battaient des mains.

Elle parlait d'égalité.

Et ils tressaillaient, sous les lourdes noblesses.

Elle parlait de fraternité et de justice.

Et ils sentaient venir le monde nouveau.

Aujourd'hui, elle vit plate chez elle — ou s'éparpille en Chine, dans des aventures de flibustiers.

Du reste, elle s'évade.

LETTRE XLIV

Au même

Récapitulons :

En réformes politiques, rien de fait.

En législation économique, rien de vu.

Le bilan est court — et nous englobe tous... l'Opposition comprise.

Il faut remonter à Louis XV pour trouver une décade aussi vide.

... Naquet a donné le divorce. — Ce jour-là, il fit l'effet d'un homme au milieu de nains.

Mais les nains sont pleins d'aise, et se glorifient de deux résultats acquis :

1° La République assise.

2° L'Etat, mis à Gauche. — Il paraît que ni 48, ni 1830, ni même 89, ne purent.

Eux, si. — Et ils s'en vantent.

L'Etat est-il vraiment à Gauche ?

Pas tant que ça. Mais il est aux mains de gens de Gauche et y reste.

Le fait innove dans notre histoire.

Gambetta, dès 75, l'annonce :

« — *Encore quelques semaines, et vous serez aux affaires.* »

Ils y sont, et n'en veulent plus sortir.

On les traite de bande — et leur avènement, de surprise.

C'est faux !

L'Etat vint à eux ; et ils y entrèrent de plein-pied.

Bande, si l'on veut !

Mais la leur est, de toutes, celle qui, par le prestige de son chef, le nombre de ses adhérents et son habile concentration, avait le plus de droits au pouvoir.

La France entière les y porta en 76 et 77, Paris joint.

Ce fut une acclamation.

11.

Donc, leur second point se justifie presque.
— L'autre, pas du tout.

« — *Nous avons assis la République* », disent-ils.
Laquelle ?
Celle de nom ou celle de fait ?
Et celle de fait se subdivise encore : il y a l'écorce
et le fruit.
Le fruit ce sera l'Egalité, la Justice, la Liberté
réalisées. Nous en sommes loin. Et l'Opportunisme,
de son propre aveu, n'y travaille guère. Semer, lui
suffit. On récoltera au XX⁰ siècle.
J'entends par l'*écorce* — le signe extérieur et his
torique du Gouvernement républicain, par quoi il
diffère essentiellement des monarchies ; c'est-à-dire
la délégation transitoire du pouvoir.
A ce point de vue, la République existe virtuelle-
ment en France depuis le 10 août 92. — On a appellé
Empire et Monarchie de simples essais.
Le fait républicain persistait.

— Mais la République nominale ?
Celle-ci n'existe que depuis quinze ans, et pour la
première fois aussi longue. Les Opportunistes esti-
ment qu'on la leur doit.
A quel titre ? L'ont-ils faite ?
Non ; elle s'est faite toute seule — à l'écart d'eux.
Gambetta fit obstacle au 4 septembre. Il trouvait
la Révolution inopportune.

— Et depuis ?

Ils prétendent y avoir ramené le pays. — Mais, dès juillet 71, le pays l'acclame ; et il ne s'est pas contredit une fois.

Il fut républicain sans vous.

Il reste républicain malgré vous, et en dépit de toutes les tentations que vous lui donnez de ne plus l'être.

Et, tout de suite, je vous demande compte d'un fait anormal, inouï.

Le tiers du pays est hostile.

Or, tout Gouvernement qui s'installe chez nous entraîne après lui les 19/20 de nous.

« — *Pas la République!* » dit-on.

La République aussi. Même inconnue (*en 92*), ou prématurée (*en 48*).

L'engouement ne tint pas — mais il est de règle au début.

La France renversa dix Gouvernements, et n'en a boudé aucun.

Le vôtre, si.

Elle reste en dehors — et par grosses portions :

Des départements entiers, toute une région !

Ce qui n'était pas républicain en 70, ne l'est pas davantage.

Ce qui l'était, l'est moins.

Pourquoi ?

Je vais vous le dire.

Les uns désespéraient de la Monarchie, qu'ils voyaient malfaisante et caduque.

Les autres eurent foi en la République féconde.

C'est ici que l'Opportunisme est sot.

Il se met en travers de cette fécondité, ampute la République de ses conséquences politiques et sociales, traite de fous et de coquins ceux qui les réclament.

Le public de se dire :

« *La République est stérile. Et félicitons-nous qu'elle le soit ; car elle n'enfanterait que des monstres.* »

D'autre part, et tout en injuriant l'Empire, ils le continuent, consacrent ses pires formules, en étayent les ruines branlantes.

Et les gens de penser que l'Empire n'était ni si *bête*, ni si *pourri* qu'on veut bien le dire, puisque les morceaux en sont bons.

L'Opportunisme manque de foi.

Il mène la politique et la République, comme il mena la guerre de 70 — y allant comme au fouet. Pour vaincre ?

Non.

Pour se faire battre. Et, le sachant, le disant.

— Ont-ils confiance au peuple ?

Aucune.

A la République ?

Très peu.

Ils l'ont, du premier coup, déclarée périlleuse, et

que, sans des précautions infinies, elle ne durerait point.

« — *Elle sera conservatrice ou elle ne sera pas.* »
Thiers l'a dit, et ils le croient.

Conservatrice ici veut dire *en négation d'elle-même, de son esprit, de ses principes, de son passé.*

Thiers ajoutait : *de ses hommes.*

On a biffé l'article. Les hommes sont entrés, et le drapeau — mais nu, sans bagages, avec cette consigne stricte :

« *Le moins on fera de République sera le mieux.* »

— Aussi ne font-ils rien !.... et ils n'attirent personne.

LETTRE XLV

Au même

L'Intransigeant veut *tout.* Les Droites n'offrent *rien.*

« — *Viens à nous* », dit l'Opportunisme à la France, « *et tu auras quelque chose.* »

Elle est venue.

La foule adore ces oppositions de mots familiers qu'elle comprend tout de suite.

Rien, on sait ce que c'est.

Tout, aussi.

Quelque chose... a moins de netteté.. Sera-ce *presque tout ?*

Gambetta le promit.

Mais Thiers entendait : *presque rien.*

On fit crédit quinze ans. Et nous voilà fixés !

C'est la formule de Thiers qui passe.

LETTRE XLVI

Au même

On vous soupçonne.

Vos gens font l'effet de pêches à quinze sous.

On leur voit sur la langue — ou ailleurs — une tare bleuâtre d'*Orléanisme.*

La tare y est-elle ? peut-être que non,.. mais on la voit.

« — *Pure calomnie !* » dites-vous. Et je suis de votre avis.

Eux, Orléanistes ! — A quoi bon ? et pourquoi faire ?

Ils sont Opportunistes.

C'est bien assez.

L'Opportuniste est un républicain à qui la République fait peur.

Les Orléanistes sont des royalistes honteux. Ils reculent de Droite.

Et l'autre, de Gauche.

La double reculade se rencontre à mi-chemin. Et ils habitent ensemble.

Leurs répugnances se donnent la main.

La République est suspecte : ils en font aussi peu que possible.

La Monarchie est inopportune : ils ne la font pas.

Ah ! si elle devenait opportune?

Travaillent-ils à ce qu'elle le devienne ?

Plus qu'on ne le dit.

Moins qu'on ne le croit.

Le Comte de Paris régnant, ils ne se brûleraient pas la cervelle. Mais ils préfèrent le tenir à distance — et pour dix bonnes raisons, dont une :

Philippe VII, ce serait encore eux.

La République, c'est eux tout seuls.

LETTRE XLVII

Au même

La République, jusqu'ici, n'a eu que des malechances.

Là-dessus, on se querelle :

Est-ce vous qui l'enguignonnez, ou les Intransigeants?

— Eux, à ce qu'on dit.

Et vous, dans le fait. Car c'est chez vous, par vous, et de vos mains qu'elle glisse.

Il est vrai que, aux leurs, elle eût éclaté.

Prenez-la aux deux versants de thermidor. — Au delà, en deçà.

Avant, elle courait au trou.

Après, elle s'y traîne.

— Les radicaux au moins la ramènent.

Vous, pas.

Il faut qu'on vous l'apporte ; et l'accueil est de glace.

Vous aidez pourtant à sa venue, mais de biais.

Si l'Opportunisme n'attaque point les monarchies, il y entre et ça revient au même.

Car il disjoint ce qu'il touche.

La République lui doit de mettre les rois hors de service.

Et les rois, d'émietter la République.

C'est le moule à faillites.

Il y a une infinité d'Opportunistes, et tous ensemble n'ont qu'un procédé.

Le voici :

1º Isoler l'Etat de ses assises ;

2º L'asseoir sur des bases croulantes.

L'Etat — qu'il soit d'étiquette républicaine ou monarchique — a, sous la main, deux assises.

L'une, qui fait bloc des forces intimes.

L'autre extérieure, défensive.

— Il tire l'extérieure de la confiance du pays.

Et cette confiance, un gouvernement neuf l'a toujours.

Sans quoi, il ne fût pas né.

L'ayant, il s'agit de ne plus la perdre ; et c'est facile. Car le pays n'a ni envie de se reprendre, ni intérêt à le faire.

Mais la confiance vit de réciprocité.

Je l'ôte à qui me la refuse.

L'Etat la doit donc au pays, et de dette double. D'abord, parce qu'il l'a reçue.

Et ne l'eût-il pas reçue... s'il est habile, il en fera le prêt.

L'Opportunisme tout de suite le lui déconseille.

Il leur dit pis que pendre de nous :

« — *La nation est légère, inconstante, incapable, que sais-je ?*

« *Elle a la dent maligne, dévore qui se fie à elle, n'en fait qu'une bouchée.* »

C'est ce qu'ils ont ressassé à Louis XVI...

A Robespierre même, et aux gens de la première République...

A Bonaparte...

Aux Bourbons, — à Louis-Philippe encore...

A la deuxième République... à Napoléon III... à la nôtre.

Et elle tend l'oreille — après eux, comme eux.

Conseil fou, et de fous !

ous ne tarderons pas en goûter le fruit aigre.

Mais l'Opportunisme va plus outre.

... Après une assise, l'autre.

L'extérieure enlevée, il attaque l'intime.

— L'intime assise de chaque Gouvernement est son principe même.

L'être vit de ses germes, n'est-ce-pas ?

Un chêne veut des racines de chêne et non de lierre.

Et ce que, d'aventure, l'on prend d'autrui, il se le faut assimiler.

Les Opportunistes ne l'entendent pas ainsi :

Ils somment la monarchie d'être aussi peu monarchie que possible.

Et la République, de ne pas être République du tout.

Elles obéissent. — Après s'être coupées du pays, République et Monarchie se coupent d'elles-mêmes, de leur droit.

Les voilà démantelées et en l'air.

L'Opportunisme accourt...

Il prit deux forces — et en rend deux.

Mais celles qu'il emporte valaient.

Celles qu'il apporte contre-valent.

— 1° Il donne ses hommes d'Etat.

A la place du droit divin, on a M. Buffet ;

Et, pour suppléer à la souveraineté du peuple,
M. de Freycinet.

Ceux-là ou d'autres. — Il y en a un stock.

Je ne médis d'aucun, et les tiens pour de parfaits
gentlemen.

Ils nous descendent au trou aussi lestement que
leurs devanciers.

Mais la route a beau être semée d'esprit, le trou
m'ennuie.

J'aimerais mieux ne pas y aller.

La souveraineté du peuple n'est pas moitié aussi
spirituelle que M. de Freycinet. J'en tombe d'accord. Et puis?...

L'esprit n'est point du tout ce qui convient à une
assise.

Or c'est d'assise que j'ai besoin.

Une assise, s'il vous plaît ?

Tous les Freycinet présents, passés et futurs —
Buffet joint — ne cimentent pas.

La souveraineté du peuple, oui.

On y croit.

Le droit divin, même... On y a cru.

Au lieu qu'en Freycinet.....

Vous riez ! — Mettez-le à l'épreuve. Et qu'une
bourrasque le prenne à revers...

Je ne rêve pas... On y a vu ses pareils.

Gens calés au pouvoir comme lui, — tenus par
l'Etat et croyant le tenir — fort admirés de pro-

fil, de face et de trois quarts. Ils eurent des noms retentissants :

Guizot, Cavaignac, Barras...

Tout-à-coup la trombe passe.

Que font-ils?

Rien.

Que sont-ils?

Personne. L'un coule; l'autre court...

Aucun ne revint.

L'Opportunisme, si. — Imperturbable, il se mit à en fabriquer d'autres, et pas meilleurs.

A vrai dire, il fait peu de fond sur ses hommes d'Etat.

C'est une ligne de parade, rien de plus.

En arrière, il a des réserves serrées, abondantes

Ça s'appelle : *les classes dirigeantes.*

Où les prend-t-il?

Un peu partout, et sans trier, les hauts bonnets

Avocats, fonctionnaires, officiers, curés, profes seurs, médecins, commerçants, industriels, pr priétaires...

Tous riches, enrichis ou à enrichir.

En un mot : la grosse bourgeoisie qui, de fait dirige ses affaires et très bien.

Mais il s'agit de celles du pays, et d'une spéciale appelée *l'Etat.*

Y est-elle apte?

— Pas du tout.

S'en occupe-t-elle ?

— A bâtons rompus.

La grosse bourgeoisie dirige la politique à peu près comme elle dirigerait la guerre si on l'en chargeait.

Elle en a dirigé une, celle de 70-71 — et de façon si probante que personne, je crois, n'a envie de lui en confier une seconde.

L'Etat, si.

On le lui confie.

Elle le perd... On le lui reconfie.

Elle le reperd... On lui rereconfie.

Elle le rereperd...

Et ainsi de suite. Jusqu'à ce qu'elle l'ait tant égaré, qu'on n'en retrouve plus rien.

Voilà vos étais.

C'est ce que l'Opportunisme oppose au pays défiant et défié.

Et on appelle cela des assises! Quels constructeurs êtes-vous?

Vous solidifiez avec ce qui s'évapore.

Pis que le duvet...

La nuée!

Qu'en dit l'histoire? — Demandez-le-lui.

Pas à pas?

Non. En courant. Ça suffit.

— Louis XVI!... La foi en lui surabondait.

Il crut au peuple, et il crut à son droit royal.

On lui arrache tout.

Mais on lui donne... l'anglomane Mirabeau, les Feuillants, la Gironde.

Qu'advint-il?

Le peuple, trahi — après l'avoir tant aimé — le tue.

Et la Monarchie le laisse mourir.

On se révolte — après. Pour le venger.

Pour le sauver, il n'y a personne. .

— Et ses états Opportunistes?

Mirabeau est mort; les Feuillants effondrés... la Gironde le livre.

Et, pour s'être abandonné — corps et biens — aux Opportunistes et à l'Opportunisme, aucune chute ne fut aussi misérable que la sienne.

... Robespierre se garda presque.

Il se laisse couper du peuple, mais non de la République — et tombe héroïque.

Mi-séduit par l'Opportunisme, il fut assassiné par les Opportunistes.

Sa mort est leur triomphe.

Ils s'étalent sur la République et la France..

— Je n'insiste pas sur ces hommes.

Comme les Césars, ils furent jugés d'un coup, sur place, et sans appel.

Mauvais?

Non.

Gâtés — par vos théories décevantes qui niant la

force où elle est, la poursuivent où elle ne peut être.

Poussant au paroxysme la défiance de la République et du pays, ils se grisèrent d'eux-mêmes, et ébauchèrent *les classes dirigeantes*.

Aussi le trou où ils tombèrent est-il une fosse. — On n'en vit sortir que ceux que le maître daigna repêcher.

Et à peine hors, ils l'assourdirent de leurs sottises.

J'écourte dix volumes.

A quelque page que vous les ouvriez, c'est la même aventure.

Je ne veux pas la répéter à satiété.

Eux, si.

Ils ne s'en lassent pas.

Et le plus drôle, c'est qu'ils n'en lassent pas les autres.

Bonaparte a vu le gouffre, et y saute.

Où Bonaparte a sauté, les Bourbons courent... Où Charles X, Louis-Philippe... Où Louis-Philippe, Louis Napoléon.

Et les classes dirigeantes mènent le deuil.

Est-ce par malice?

Non, certes. Car, de plus en plus, elles s'attachent à nos porte-couronnes.

... Les défendent-elles?

De moins en moins.

Combien de temps fallut-il pour abattre Louis XVI?

— Trois ans.
Et Charles X?
— Trois jours.
Et Louis-Philippe?
— Trois heures.
Et le dernier Napoléon?
— Trois minutes.

LETTRE XLVIII

Au même

La France vient d'une catastrophe.
Va-t-elle à un effondrement?
On le dirait.
L'Etat fond; les gens se dérobent. Personne ne cherche plus le vent. Et — chaque fois qu'il vote, le pays rue.
— Dame, écoutez!
Depuis la guerre, il a nommé quatre ou cinq chambres et assemblées.
La première a voulu le faire marcher. Et les autres l'ont lâché en route.
— Ce qui surtout lui coupe bras et jambes, c'est le reniement cru, brutal, étalé.
Je sais bien que vos amis s'en défendent.
Ils ne renieront jamais un mot ni une idée.

Ils appliqueront tout, demain — quand il n'y aura plus d'obstacles !

Et, pour qu'il n'y en ait plus, patiemment, résolument, il les accumulent.

... Leur apostasie est flagrante. Elle parle, agit, fait campagne avec l'ennemi. — On vous voit sur ses flancs ; et lui, le long des vôtres.

Et ce n'est point un de ces accidents de bataille, où les drapeaux s'accôtent sans se mêler.

Il y pacte — avec stipulations, strictement surveillées des deux parts.

L'ennemi, ici, c'est le centre et les centriers.

Ils croulaient en 75, et sentant leur isolement terrible, se replièrent en bon ordre vers l'Opportunisme. On les y accueillit, et leur bagage, qui confine à toutes les Droites.

Du coup, vos gens devinrent ministres, mais bridés, muselés.

Thiers et Dufaure aux abois furent coulants sur les hommes, au fond indécrottables.

La République, sans républicains ! avaient-ils dit.

Leur formule se retourna, ne s'élargit point.

Les Républicains y entrèrent, et la République en sortit.

L'Etat Opportuniste a ses attaches à Gauche ; mais l'orientation est de Droite.

C'est de l'équilibre instable.

Rien de fugace, d'insaisissable comme l'équilibre.

12

Aussi vos ministres se cassent tous à la file.

Je note ceci, qui conclut :

Dans toute question vitale, l'Opportunisme coupe sciemment la Gauche en deux, et vote à Droite.

LETTRE XLIX

Au même

Nous en sommes à la troisième apostasie de Gauche. — Et, de plus en plus, elles troublent.

La première date de Brumaire.

Elle mena à Waterloo.

La deuxième, du lendemain de 48.

Elle aboutit au 2 Décembre — qui mène à Sedan,

Où butera l'Opportunisme ?

Comme entrée de jeu, il a stupéfié la République et les Républicains. — Inexpliqué, il hébète. Car il éclata en pleine victoire.

Les autres sortaient d'une déroute.

Ce qui restait de 92 apostasia, au 18 Brumaire, entre les mains de Bonaparte.

Il fit le coup ; nos pères s'y soumirent. Et leur défaillance passe l'attentat — parce que Bonaparte est un inconscient, et que, sans l'apostasie, l'usurpation échouait.

Tous nos désastres viennent d'eux ; ne les justi-
fions jamais.

Mais ils furent quatre fois excusables.

Une première excuse est l'affolement, la lassitude
de sang et de désordres.

2° Ils se crurent impuissants contre le coup militaire accompli.

La troisième excuse fut Napoléon, la victoire
faite homme — si fort, si dur à l'Europe.

La quatrième, et la seule qui vaille — les autres
sont faites de bassesses — c'est qu'ils ne renoncent
qu'à demi, font la part du despote, jettent la liberté,
retiennent le droit, l'égalité, la propriété moderne
— l'âme profonde.

49 glisse plus bas :

Une génération avait été bénie entre toutes. C'est
comme un conte de fées. Leur berceau fut plein de
dons : la fleur, les fruits.

Et que d'éclat dans l'éclosion ! quel tapage !

Le Romantisme touffu, prodigieux, — absorbant
poésie, prose, musique, peinture, — biffant le passé,
masquant l'avenir, éblouissant le siècle.

Il n'eut qu'une étape — mais se crut éternel ; et,
dans son court passage, atteignit tout.

— En politique, même fortune :

Comme les gens de 89, ils furent aux affaires à
vingt ans.

D'un élan, ils avaient jeté les rois en exil. Une

ruade les débarrassa du peuple — et si vite ! Nul
tenant d'Etat n'a plus de gloire aux temps et moins
de sang aux mains.

Au fond, sans portée aucune !

Ils taillèrent dans la Révolution une pseudo-mo-
narchie, et crurent que le demi-massacre de la rue
Transnonain arrêterait l'histoire.

— Vint février 1848.

Ils virent tout-à-coup deux choses apparaître :

1° La grande Révolution, la vraie, qu'ils avaient
remisée, cadenassée ;

2° Une génération nouvelle, leurs fils — secouant
la tutelle.

Est-ce ennui de céder la place à leurs fils ?

Est-ce rancune contre la République, leur mère ?

Toujours est-il qu'ils ne firent qu'un saut, mais
décisif — en arrière. Tous se massèrent, sans distinction de partis, de groupes, de nuances.

Ce fut une communion d'apostasie.

L'un d'eux, Cousin, dit :

« — *Il ne nous reste plus qu'à aller nous jeter aux
pieds des évêques.* »

Et, comme il l'avait dit, ils le firent.

— L'effet fut énorme, inattendu.

Songez donc ! — La veille ils s'appelaient 1830.
Pour tous, en France, en Europe, ils étaient la
Révolution.

C'était comme si elle fût venue elle-même étaler
ses plaies et dire : « *Je suis indigne.* »

Il y eut un recul dans la nuit qui tua même l'art. Toute poésie cessa...

Et peu à peu s'éteignirent la prose, la peinture, la musique...

Notre siècle a une première moitié qui atteint tout.

La seconde ne vient à bout de rien.

Et le point d'attache est ici : 1849-50.

En amont, des sommets.

En aval, les marécages.

— A ce prix ils vainquirent — ils eurent raison de leurs fils et de leur mère.

La République tomba, les jambes brisées.

Les jeunes n'arrivèrent point aux affaires et disparurent un peu partout : Sous les balles, à Cayenne, dans les corruptions de l'Empire.

On n'entendit jamais plus parler de cette génération-là.

C'est un crime atroce, n'est-ce pas ? — Mais ne soyons pas sévères à l'excès.

Pas un des coupables n'eut l'idée nette de ce qu'ils faisaient.

Leur vie avait été si facile qu'ils ne croyaient plus à l'histoire tragique. Ces gens graves furent des étourdis.

L'étourderie n'est-elle pas un des noms de la France ?

Vieux, ils barraient la route aux jeunes — et,

12.

vaincus, ils se cramponnèrent au champ de bataille à le faire sauter.

L'explosion venue (au 2 Décembre), ils allèrent s'asseoir et bouder dans les débris. Un regain de foi poussa en eux — dont la France leur a su gré.

Mais, à l'heure actuelle, ce ne sont ni des vaincus ni des vieux.

Ils ont la jeunesse, ils ont le pouvoir, ils ont la popularité.

La France se suspend à leurs lèvres.

Et comme le vieux Thiers ou le vieux Dufaure, ils lui crient casse-cou.

« — *Nous avons rêvé ensemble,* » disait Gambetta au pays, «*il faut en rabattre.*

Comme nous nous rattachions à la Révolution française! Et au point de vue pratique, surtout! Nos pères avaient aimé 89, et nous voulions en vivre. Que de libertés à ressaisir! Que de rêves de justice! Que d'applications égalitaires!

Nous avons ressaisi la République — contentons-nous-en. Cela suffit à l'étape.

Tu désirais plus — moi aussi; et tu m'as élu pour te le donner. Mais je ne te le donnerai pas. Il ne m'est pas possible, ni à personne, de te le donner. Ni à toi, de le prendre. Nous avions juré un programme commun. Je le garde intact. Pas une virgule à changer! Tout y est excellent, admirable, nécessaire. Nous le dressâmes; reposons-nous.

On l'adaptera plus tard.

Tu détestais l'Empire. Et moi, donc ! tu le détestes toujours. Pas les hommes ! à quoi bon ? — l'organisme.

Je le conserve.

La centralisation l'étouffe. J'ai protesté contre elle avec toi.

Je la renforce.

C'est un moule de servitudes — où le maître est tout ; les corps constitués, peu de chose ; et la nation, rien.

Elle ne s'y encadra jamais que par dol ou contrainte.

Il y pousse comme une moisissure spontanée de coups de force et d'invasions. La preuve était faite, elle surabonde — soit depuis quinze ans :

1° L'invasion prussienne ; deux provinces arrachées ; cinq milliards de rançon ;

2° Une guerre civile effroyable ;

3° L'Ordre moral, deux fois agressif ;

4° L'effort continu du clergé, de la magistrature, des financiers, contre le pays et la République.

Tout ça a coulé sur toi de l'Organisme napoléonien.

Mais, entre nous, tu n'es pas en état d'en supporter d'autres.

Tâche de t'y faire.

LETTRE L

Au même

Apostasier en victoire !

Pourquoi ?

En défaite, oui. A la bonne heure, et parce que...

Les raisons de brumaire sont parlantes. 49 a crié haut la sienne. Vous, non. Celle que vous donnez, ment.

Une se cache, reste dans l'ombre, et c'est la bonne.

J'y reviendrai.

Voyons l'autre.

« — *Le pays ne veut pas de réformes.* »

C'est juste le contraire.

Il en demande par toutes ses voix, et surtout par celle-ci impérieuse : la nécessité pressante.

On ne peut plus s'en passer.

Vous invoquez l'histoire. Et elle témoigne contre vous. Vos gens ont beau tourner le dos au présent, attester l'expérience. Si vieille qu'ils aillent la chercher, elle les refute.

— Deux preuves et qui convergent, forcent ici l'évidence :

1º Pas un Gouvernement n'est tombé d'une ré-
orme ;

2º Tous, à l'heure des réformes, sont populaires,
poussés, soutenus par l'Opinion, indestructibles.

« — *Ce n'est,* » dit-on, « *qu'une coïncidence. Les réformes sont du début, la force aussi. Ils la tirent
de l'avènement, et non des réformes.* »

Attendez !

Dès qu'ils renaclent à réformer, l'esprit public se
retire d'eux. Ils ne vivent plus que de la vie acquise
et fuyante. Leur chute est une question d'années,
puis de semaines.

Et, en tombant — ceci tout à fait démontre — ils
laissent debout les réformes accomplies.

Celles-ci survivent et durent, intactes.

« — *La France nous suit à peine. N'allons pas plus
vite qu'elle.* »

Mais c'est le mot de Lafayette — que vous repre-
nez, un demi-siècle après Lafayette.

Et plus dur ! — Lafayette repoussait la République, pas les réformes.

On en fit alors, et d'énormes. Excessives ?

Non. Insuffisantes.

L'Opposition, même dynastique, l'affirma seize
ans.

48 fit la preuve.

— Tout le long du siècle, se dégage cette vérité
anti-opportuniste :

Les Gouvernements périssent par les réformes qu'ils refusent.

Est-ce la Charte qui a déconsidéré les Bourbons? Elle leur survit.

Est-ce le Code civil qui a miné l'Empire.

Il l'étaie.

« — *Mais la République de 48 avorta.* »

Sans doute. Et d'où vint l'avortement ? Est-ce d'une réforme? Vérifiez.

Elle n'en fit qu'une, et tout de suite : Le suffrage universel.

Fut-ce en haine du suffrage universel que le peuple la défendit mal.

Eh ! non !

Le suffrage universel est devenu la chair et les os du pays, à ce point que personne depuis n'a su le lui arracher.

Mais rien ne sortait plus de la République, il patienta quatre ans, fut écœuré et se donna à l'Empire.

Il y a pour les Républicains un enseignement à tirer de là. — Je voudrais qu'on l'écrivît sur les murs, et dans la cervelle des Opportunistes :

C'est qu'en ce pays de passé monarchique, la République n'est point un dogme.

Elle ne vaut que parce qu'elle promet — et, ne tenant rien, tombe à néant.

Napoléon III, pour vivre, réforma beaucoup.

« — *Réformes en recul,* » dit-on.

Pas toutes. — Les libertés périrent; l'égalité ou démocratie gagna. Et c'est le premier besoin de la France.

En tout cas, il n'y eut pas de stagnation, mais une vie intense.

La France piétinait. Il lui donna du champ et de l'air.

Le Budget enfla à en crever — tant dans son noyau officiel, que par les annexes vives qui lui poussèrent tout-à-coup : emprunts d'Etat et de villes, grandes compagnies et sociétés de crédit parallèles.

Il y eut des émissions monstres — à base populaire.

Le socialisme fut gorgé d'une proie qui, pour quelque temps, le fit taire : la propriété immobilière disparut — sucée, mobilisée, pulvérisée.

Paris fut démoli, rebâti. On improvisa des quartiers, et plus de chemins de fer en dix ans que les Chambres n'en eussent construits en deux siècles.

Les choses vieillies firent peau neuve — depuis le crédit jusqu'à la carte d'Europe.

On revit la grande guerre (Crimée, Italie) et non ces escarmouches d'Afrique, du Tonkin qui finissent par des fugues ou des massacres.

— Tout cela en huit années.

Comparez-les aux quinze ans de MM. Thiers, Mac-Mahon et Grévy — Gambetta étant l'âme.

En 59-60, je note trois œuvres colossales — dont le prolongement ira plus loin que nos petits-fils.

1° L'Autriche refoulée et l'Italie libre.

2° L'annexion de Paris.

3° Les traités de commerce.

— Après quoi, la stagnation reprend. Et l'Empire s'effondre.

Les Républicains s'obstinent à ne voir de l'Empire que deux dates : le 2 décembre et Sedan — le sang et la boue.

Ils oublient que ce ne fut point une façon de placage comme la Restauration, mais un gouvernement très vivant, très moderne et — par places — populaire.

Il l'est encore dans une partie du pays, où à coup sûr, ce n'est pas Sedan qu'on regrette... ni le 2 décembre.

LETTRE LI

Au même

La France veut des réformes. — *Veut* ne dit pas assez.

Elle en exige. — *Exige* ne dit pas tout :

Elle ne peut s'en passer.

Mais elle ne les supporterait pas de vous.

Je me trompe. Elle les supporterait et garderait.
— C'est vous qu'on ne supporterait plus, et dont on se débarrasserait au plus vite.

Les défiances du pays ne s'adressent point aux réformes.

Au réformateur, si. — Dès que ce réformateur est de Gauche.

Défense à la Gauche de radicaliser au pouvoir !

Et à la Gauche seule ! Les Droites ont permission de radicaliser. S'il est vrai qu'elles ne le font guère, tel empereur ou roi le fit, et fut acclamé.

La Gauche, non ; conspuée.

Le motif ?

— Notez que j'admets le fait.

Il saute aux yeux. Mais c'est le pourquoi du fait qui importe — afin d'aviser.

... L'ancienne France fut terre de bon plaisir et de privilèges. Et le pays matériel, je veux dire les intérêts en sont encore tout amalgamés.

Son âme va au rebours — à l'égalité, à la liberté, à la justice sociale.

— Tant que l'âme resta confuse, cela marchait presque, avec d'énormes cahots.

Vinrent Voltaire, Diderot, Jean-Jacques, qui la démêlèrent.

En 89, elle éclate, s'évade du corps. Et, tout de suite, y rentre, essaie de le pétrir à son image.

Lui, d'abord, se laisse faire — et puis réactionne

13

avec la violence lourde des choses inertes. Du dehors, l'âme le maniait.

Et, rentrée, elle le subit.

— L'attrapage de réaction et d'action continue. Il a usé un siècle... cinq générations d'hommes. Et ne semble pas près d'aboutir.

L'Outre-Gauche veut, d'un coup, en finir. En quoi, elle est folle.

Les Droites sont folles aussi — et de plus, absurdes.

Car elles ont rêvé que le corps assujétirait l'âme. — Ce serait l'asphyxie. L'âme ne sera point asphyxiée.

Mais, n'en déplaise à l'Outre-Gauche, le corps ne s'évaporera pas non plus. Il s'assimilera, et à la façon des corps : très lentement. Cette génération passera, et d'autres, et d'autres encore, et long-temps, avant que l'âme soit à l'aise.

Il faut marcher à pas d'hommes.

Les hommes ne sont point des géants — et des géants buteraient à suivre l'Outre-Gauche.

C'est pour ne point vous essouffler que vous lui fîtes faux bond.

Échoués au pouvoir, vous vous coupez d'elle, afin que l'État ne se coupe pas de vous.

Car vos chefs se rappellent 48 et 93.

En 93, les montagnards tuèrent le roi, et on se débarrassa des montagnards.

En 48, l'Outre-Gauche donna le suffrage universel, et fut mise à la porte.

Le suffrage universel resta, et la monarchie n'est
plus revenue. — Ces réformes étaient à point et
acceptées. On les adopta.

Mais on eut peur du reste. Le stock était derrière,
prêt à passer. Rien qui ne fût menacé. — Tout se
coalisa.

Et l'Etat changea de main.

C'est ce que vous ne voulez pas, trouvant qu'il
est au mieux dans les vôtres. Et vous les fermez.

Elles sont pis que fermées. — Soudées, afin de ne
s'ouvrir. Rien n'en sortira — de peur que l'Etat ne
sorte avec. Un des vôtres me disait :

« *Nous savons bien qu'il y a des réformes mûres,
faciles, attendues. Et qu'un despote survenant les
offrirait tout de suite. Celles-là même, nous ne les
donnerons pas. Un despote peut s'en passer le luxe.
— Nous, pas. Car une fois nos mains ouvertes, qui les
fermera? Les despotes se servent de frein à eux-mêmes.
Ils fixent le jalon d'arrêt — et s'y arrêtent. Les
gens savent cela, tablent dessus. Le feu est circonscrit. On lui fait sa part. Et il s'éteint. Bonaparte se
clôt par le Code; Louis XVIII, par la Charte. Les
réformes venant d'eux sont le bout, une borne.*

De nous, c'est l'invite. »

« — *Autant dire à la France,* » répliquai-je,
« *qu'elle fera bien de prendre un despote.* »

Il sourit finement :

« Le peut-elle ? On n'a pas voulu du nôtre. Gam-
bella, une fois en pied, ne fût point resté inactif.

Il aimait le pouvoir, et aussi la France, le peuple ;
il eût essayé quelque chose. — Quoi ? je n'en sais rien,
et peut-être ne le savait-il pas très bien lui-même.

A vrai dire, il est facile de trouver des réformes à
faire et malaisé de les faire ; plus difficile peut-être
qu'à aucun autre moment de notre histoire. Nos
institutions actuelles sont vermoulues au-delà même
de ce qu'on imagine. Mais elles s'emboîtent. Et, par
cela seul, se — et nous — tiennent.

Si on touche à l'une d'elles, on désemboîte tout. »

LETTRE LII

Au même

L'Etat se concentre de plus en plus sur trois ressorts :

1º La docilité des masses ;

2º L'innombrable fonctionnarisme ;

3º La peur.

On ferait un livre curieux sous ce titre : *De la peur*
considérée comme moyen de gouvernement.

Et une préface utile sur *les origines de la peur en*
France.

C'est le mal universel.

L'homme a peur de la police — la femme, du diable ; et le gamin, des calottes.

Nos ouvriers ont peur de l'habit.

Le bourgeois a peur de manquer.

Le mari a peur d'être cocu.

Les gens en vue ont peur de se compromettre.

Chacun a peur de son ombre.

Et tout le monde a peur du ridicule.

Cette lèpre nationale est fort ancienne. Elle a laissé de vilaines traces — un ricochet de peurs à nous diffamer dans l'histoire. Ce fut l'un des facteurs de la hideuse conquête des Francs, et de la non moins hideuse conquête de César.

— Les Celtes eurent l'élan, et ce recul brusque.

Nous tenons d'eux l'un et l'autre.

Mais il semble que l'élan ait prédominé jadis ; et la peur, chez nos modernes Français.

Depuis 89, nous avons toujours peur de quelque chose.

Bonaparte a mis l'aigle au drapeau.

S'il y avait un drapeau civil, il y faudrait mettre Croquemitaine.

On craint tout — et le reste.

Ce sont des courants successifs, parallèles ; il y en a même en travers.

Tel redoute les Jésuites ; un autre la Commune — ou que l'Empire ne revienne.

Le spectre ouvrier hante ceux-ci ; une grève les met en sueur froide.

Beaucoup rient au nez du spectre d'autrui, qui ont le leur en réserve — dans un coin du cerveau.

A l'heure qu'il est, tous les partis — et les hommes plus ou moins d'Etat qui les dirigent, ont absolument peur de tout.

Aller de l'avant — terrifie.

Rebrousser chemin — épouvante.

Et rester sur place — inquiète. On y reste pourtant — mais effrayé de ne pas bouger.

— Savez-vous ce qu'on appelle *l'esprit de gouvernement*, et de quoi il se compose?

De peurs.

Il y a trois peurs d'Etat :

1° La peur du menu peuple.

2° La peur des classes riches.

3° La peur de la peur que les riches ont du peuple.

Je n'en ai aucune — et vous, toutes. D'où vous êtes ministrable; et moi, pas.

Cette peur, en recul d'élan, nous vint-elle de nature?

A mon avis, non.

Elle s'infiltra, goutte à goutte, par l'incubation opiniâtre, obstinée des prêtres.

Et je les englobe tous — jusqu'aux druides. Car notre clergé, sans qu'il s'en doute, est autochtone.

Chrétien?

Oui, de chair — et par les légendes. Mais la moelle est druidique.

Comme les druides, ils ont peu à peu réduit la morale et le dogme à deux points : l'enfer, l'Eglise.

Traduction pratique :

La peur du prêtre, dans ce monde et dans l'autre.

Jugez du trou creusé dans les âmes, en trente ou quarante siècles.

Une preuve encore — et double — que la peur nous vient des prêtres :

1° Ils en sont exempts.

A travers les âges — et encore aujourd'hui — là où sont les prêtres, nous n'avons que de l'élan... la peur est absente.

Exemples :

La Vendée, les croisades.... et, journellement, les luttes effrontées de cléricaux infimes, contre l'Etat et la loi.

2° Preuve :

Sitôt que le Français échappe à l'action ecclésiastique, il retrouve l'élan indomptable.

Exemples : les huguenots... le jansénisme... Voltaire, Diderot, la Révolution française.

Notre peur n'est qu'une sueur de peau.

Jetez des paroles d'audace à ce pays, il se dressera plus haut que tout.

On parle beaucoup d'instruire le peuple.

On a bâti des écoles dans tous les coins ; et il s'est

fait un tapage infernal à propos de deux bouquins de morale civique.

Je donnerais les deux manuels et la bonne moitié des écoles — pour qu'on élevât nos enfants à n'avoir peur de rien, ni de personne.

Qu'ils se gardent de la lèpre qui a séché leurs pères ! les trois tiers de nos misères viennent d'elle. Et nos chefs se sont entendus sur ce programme médiocre :

Exaspérer la peur.

— Il y eut d'abord la peur de la Révolution, de la République.

Les hommes de 93 ont versé du sang. Eh bien ! du sang ! — est-ce nouveau ?... toute l'histoire en est faite.

Mais la terre le but — celui-ci, non. Il s'est multiplié. D'habiles gens l'ont mis en bouteilles. Pendant cinquante années — un demi siècle ! — ils le firent boire à la France, par gouttes. Elle le toucha... et sentit, jusqu'à la nausée.

Et chaque fois qu'elle secouait sa torpeur, on lui repassa les flacons sous le nez.

Elle a fini par en rire.

Il fallut remiser 93. On chercha un autre Croquemitaine, et on le trouva.

On terrifie la bourgeoisie avec ce peuple léger dont elle est faite, et qui la loge, la meuble, la nourrit, l'habille. Ils ont les richesses, le crédit, l'instruction, le nombre même — et se mirent à trembler la fièvre devant de pauvres diables.

L'accès dure encore !

Jusqu'où ira-t-il ? Un éclat de rire l'emportera, je le sais bien. Mais quand ?

... Et par-dessous, une autre peur vint — que les habiles n'avaient point prévue.

Peur ignoble celle-là — et qu'on ne retrouve que deux ou trois fois dans notre histoire. Nous ne l'avions pas connue depuis Jeanne d'Arc :

La peur de l'ennemi !

On a eu peur du Prussien.

Est-ce que ça ne vous dégoûte pas de tout le stock des peurs ?

LETTRE LIII

Au même

La peur creuse des puits de chute.

Aussi ne vous sert-elle que de défense externe. C'est un ouvrage avancé, et qui couvre le corps de place.

En arrière, il y a l'armée — les deux armées :
Un million et demi de soldats et d'agents civils !

Vous les comptez ; je les pèse.

— Sont-ils à vous, d'ailleurs ?

Ils sont à l'État. Êtes-vous l'État ?

Si peu !

Vous le détenez. — Et à titre précaire, instable, contesté.

A vrai dire, personne n'est l'État.

Le Roy fut l'État.

En 89, la Nation expropria le Roy. L'État est devenu propriété commune — une nue-propriété, hélas ! et c'est de quoi je me plains. Elle passe de mains en mains ; et d'autres que le propriétaire en usent et en abusent.

Mais vous n'êtes tous que des usufruitiers. — Et pas à vie, ni a bail ! Les propriétaires ont un droit personnel et inaliénable ; vous, non.

Ce qui interrompt votre usufruit, le met à néant.

Du coup, surgit un nouvel usufruitier, à qui les fonctionnaires et l'armée obéissent. Il est ce que vous étiez :

Tout.

Et vous êtes ce qu'il sera vite :

Rien.

L'armée empêche-t-elle les gouvernements de tomber ?

On le dit.

L'histoire ne le dit pas.

— Où est l'armée en thermidor ?

Absente.

Notez qu'elle était montagnarde et, de cœur, avec Robespierre.

Républicaine, fit-elle obstacle à l'Empire ?

Non.

Devenue ensuite Bonapartiste, le sauva-t-elle ?

Pas davantage.

En février 48, elle mit la crosse en l'air.

Et au 4 septembre, elle pose ses armes, se mêle aux groupes, crie : *Vive la République!*

Voilà, comme elle soutint les pouvoirs qu'elle aima.

Seriez-vous de ceux qu'elle hait ?

Là, elle ne valait guère.

Ici, elle contrevaut.

— L'armée ne prit en grippe que trois gouvernements :

La 2ᵉ République, les Bourbons, le Directoire.

... Elle empoigna le Directoire — se battit en juillet, contre les Bourbons — fit le 2 décembre, de compte à demi avec la police.

Et maintenant fiez-vous aux militaires — si le cœur vous en dit.

Passons à l'autre armée, celle qui paperasse.

Ils vous battent en brèche — et la République ; chacun le sait et le voit.

L'Outre-Gauche vous l'impute à crime, et vous crie tout le temps d'épurer.

Pas de mot qui soit plus à la mode, depuis dix

ans ! Il résonne à tout coup; et s'éteint, sans effet.

— C'est comme un verbe tronqué, de conjugaison inégale.

L'IMPÉRATIF : « *épurez* ». part tout seul.

Et de même LE FUTUR : « *j'épurerai* ».

LE PRÉSENT : « *j'épure* » — ça va encore.

Mais LE PASSÉ : « *j'ai épuré* » reste et restera toujours en route. — Vous n'aurez jamais épuré.

On n'épure que les surfaces. L'intime échappe.

Coupé, il renaît.

Quelques pommes se gâtent, on les jette au fumier. Mais si toutes les pommes ont un ver dans le cœur et que vous l'extirpiez à toutes, il n'y aura plus de pommes.

Et que sera-ce si la pomme crée le ver?

Le ver à fonctionnaire naît du fonctionnarisme.

Je parle en républicain.

Pour les cléricaux et impérialistes, le fonctionnarisme est parfait. Car, et quoi que vous fassiez, il leur répond de vos agents.

Prenez dix républicains sûrs, entêtés — et mettez-les en places...

Est-ce, à votre actif, dix fonctionnaires de plus?

Non pas.

C'est dix républicains de moins.

Pauvres, riches, n'importe !

Il y a le ver du riche, et le ver du pauvre. Le ver du pauvre se nomme besoin.

Celui du riche : vanité, considération, relations de monde.

N'est-ce pas un besoin encore? — il n'exige pas moins que l'autre.

— Et les femmes! y avez-vous pensé?

Le fonctionnaire est marié. Il a des enfants, une famille. Le femme est mondaine ou ménagère. Si ménagère, elle pense au pain.

Vous êtes l'insécurité.

Si mondaine, elle veut les hommages.

Vous êtes — j'allais dire le déshonneur. C'est pis : la demi-considération. Vos hommes sont en quarantaine. La fonction reste honorée. L'agent, non. On le traite d'intrus; il se sent tel, et n'a qu'une idée : rentrer en grâce.

Il sacrifierait la moitié de ses appointements pour sauver l'autre. Mais comme les appointements sont indivisibles, c'est vous qu'il est prêt à sacrifier.

Vous, et la République — avec résignation.

A moins que ce ne soit avec délices. — Car vos agents sont de deux sortes.

Vous en prenez tous les jours des mains de l'ennemi, et afin de l'amadouer. Ceux-là vous mettront à la porte.

Les autres vous y laisseront mettre.

LETTRE LIV

Au même

Enfin, ceci vous rassure : *les masses muettes* !

Ce pays est docile, et au-delà de tout... mais il révolutionne.

Est-ce contradictoire ?

Non. Amalgamé. La France a des mœurs douces et l'esprit vif. L'esprit, par accès, la secoue.—Alors, elle casse.

Jusque-là, elle se prête.

Son extrême sociabilité sert, à ceux qui gouvernent, de pierre d'angle.

Et aussi, de pierre d'achoppement.

Elle les rassure, et trop. — D'où ils culbutent.

Je relève, à l'heure actuelle, ce fait inouï, qu'on ne dit rien du Gouvernement.

Louez, on se tait.

Blâmez, on ne réplique pas.

Est-ce frayeur ? Nullement. Le Gouvernement est tout d'opinion — parlementaire de jeu, et d'étiquette républicaine. Il sort des urnes, et le vote est libre. D'où vient donc tant de réserve à louer ?

De ceci : Au fond, ils blâment.

Et pourquoi pas tout haut ?

Par pudeur. Blâme-t-on les gens pour qui on vote ?

— Autre symptôme grave :

La République ne gagne pas. Elle eut les trois cinquièmes du pays en 71, en a autant en 85, pas plus ! Pourquoi ?

La France a-t-elle manqué à ses habitudes d'acclamer le Gouvernement existant ?

Oui, en apparence. Au fond, pas.

Les deux cinquièmes dissidents votent-ils contre la République ?

Non. Contre la Gauche.

Il n'y a plus rien à attendre de la Gauche.

Le conflit du pouvoir l'obsède.

C'est pour elles la bataille des batailles.

Et du seul point qui la passionne, le public se désintéresse.

Il a assez de ses affaires — qui vont mal, et n'est plus si oisif qu'il aille se brûler le sang dans les couloirs surchauffés de la Chambre.

On vit les gens dîner d'une séance, et se coucher — triomphants ou navrés — d'un scrutin.

Cette espèce-là se raréfie.

Quelques attardés le regrettent. Moi, non. — Et vous ?

Je gage que vous êtes de mon avis. Car ce que le

peuple dit des Gauches, la Gauche, qui est peuple après tout, le dit d'elle-même.

... Vidée, à bout de rôle, et le sachant, elle garde l'attitude, rien de plus — elle n'agite que des niaiseries.

Le pays ne mord plus au boniment, et elle serait la première surprise qu'il y mordît.

« — *Inaction est-elle Mort?* »

En France, oui.

Et, de jour en jour, on s'ameute contre la vôtre.

Il y a déjà — rien qu'à Paris — cinquante mille anarchistes.

— C'est peu!

— C'est un ferment. Et le ferment agit, non par ses dimensions, mais en raison de la putrescibilité du milieu.

... Vienne l'alerte! La masse fondra; eux, non.

J'écoute venir un péril — qui sera à celui-ci ce que le cyclone est à une averse de grêle.

L'innombrable bourgeoisie mendie des places.

L'ouvrier réclame du travail; et le fabricant, des débouchés.

A qui les réclament-ils?

A l'Etat.

Une misère est sur tous. Et, collée après — la soif du bien-être, qui la décuple.

Chaque classe a sa misère.

Celle en habit, s'appelle la gêne — aussi dure à traîner que l'autre.

Neuf bourgeois sur dix ont ce boulet au pieds, — s'usent de corps et d'âme pour se l'arracher. Et ceux qui ne l'ont plus, pour n'en être pas repris.

Cette préoccupation emporte tout.

L'art y a sombré — et la politique oisive, spéculative, qui a tant amusé nos pères.

La révolution prochaine sera utilitaire.

En attendant qu'elle éclate, chacun interpelle l'Etat de ses griefs, le circonvient, le supplie, le menace.

La supplique devient rumeur. Et déjà il perd pied.

— L'Etat de Gauche y croulera.

Et la Droite, plus vite encore, si elle essaye de gouverner.

Nous sommes à ce poin: psychologique que personne ne puisse plus débrouiller le pays.

Lui, si.

Je l'espère, je le crois, j'en suis sûr.

— Et si je me trompe ?

Alors même essayez, car il n'y a rien autre.

Mais je ne me trompe pas.

Et — au refus de tous — nous y viendrons quand même.

Comment ?

Par une courbe de catastrophes. — Et vous n'avez pas besoin d'aller à elle.

Elle est là qui attend.

...Des Indous habitaient une maison très vieille et qui craquait de partout. Un fakir eut pitié d'eux et les avertit.

Mais le père de famille ne voulut rien entendre.

« — *Elle vivra bien autant que moi* », dit-il.

Et peu de temps après, il mourut. Son fils, d'un âge mûr, hérita.

Le fakir vint trouver l'héritier, et le pressa de quitter sa bicoque.

L'homme répondit :

« — *J'y suis fait, et ne m'habituerais point à une autre.* »

Et de son mieux, il récrépit, étaya. Un jour, une pierre, tombant du toit, lui fendit le crâne.

Mon fakir voyant que la maison n'était plus qu'une moisissure debout, alla trouver le petit-fils.

Il trouva celui-ci fort occupé de plaisir et d'affaires.

« — *Tu as raison,* » dit le jeune homme, « *et j'y penserai quand j'aurai le temps* ».

Et, pour la troisième fois, le fakir fut mis à la porte.

Comme il sortait, la maison s'écroula.

NOTES

LETTRE LV

A Eugène B......

Août.

Mon cher Eugène,

Nous voici en bataille d'élection.

Il n'y en eut jamais de plus calme — et d'aussi piteuse.

Rien en ligne, que des personnalités !

Dans la petite ville d'où je t'écris, les gens ne s'en occupent guère. Ni le bourgeois, ni l'ouvrier, ni le paysan — ni femmes, ni prêtres.

Il y aura un élu.

On le sait. Et on sait qui.

Il y en aurait deux, ou pas — cela ne ferait ni chaud, ni froid. L'indifférence est aiguë, hébétée.

On votera pourtant, et en masse — par habitude et par dignité. Le citoyen, ce jour-là, a l'illusion de sa souveraineté. Il affirme 89.

Qui vote, agit.

Et l'acte est éminemment français.

Il y aura même quelque émotion, le soir — pas la veille, ni le lendemain. Emotion de turf. On veut le nom du gagnant.

Une fois qu'on l'a, on n'en parle plus.

A qui s'intéresser ?

La matière de l'intérêt manque.

Beaucoup de candidats n'ont pas de programme.

D'autres en ont un qui touche à tout — vide quand même.

Et l'on sait si bien que, l'élection faite, il n'en sera plus question.

Le ridicule des programmes éclate enfin.

La dernière Chambre les a classés. — C'est tout ce qu'on en peut faire.

Ni programmes, ni partis !

Aux partis se substituent de plus en plus les comités. Ceux-ci disent être les partis. Mais ils mentent, ou s'abusent. Ce ne sont que des coteries.

Une coterie est un parti qui a séché. Et le dessèchement est complet, absorbant tout : électeurs, candidats.

Le candidat n'exprime plus d'opinions qui lui soient propres. — Il les souscrit toutes faites, en forme de *syllabus*.

Et l'électeur ne choisit pas ses hommes.

On arrête la liste avant lui, au-dessus de lui.

— Comme les partis avaient traité la Nation, de même ils ont été traités par la coterie.

Sous la redondance des phrases, se cache un mot d'ordre sec, impérieux, cinglant. Le pays reçoit sommation de se rendre aux urnes.

Est-ce un blanc-seing qu'on lui demande?

Pas même.

Une abdication signée — au profit de l'Opportunisme, de l'Extrême-Gauche, ou des Droites.

Il la donna longtemps, et d'enthousiasme.

Mais il ne le fait plus qu'en rechignant.

Ayant tâté des trois, il sait ce qu'en vaut l'aune.

— Que veulent les Droites!

Une monarchie.

Elles ne sont d'accord qu'en cela, et butées.

Il devra avaler le monarque — de force ou d'insinuation, en cordial ou remède, par la bouche ou autrement.

— L'Intransigeance et ses hommes promettent un merle blanc.

Hélas! ils n'ont aux mains que de vieux rossignols.

Et puis, ils exigent qu'on leur livre en ôtage le clergé, les riches, la propriété. Ils ne leur feront point de mal à ce qu'ils disent. Et c'est possible.

Mais on se méfie.

... Reste l'Opportunisme.

« — *Que ferez-vous de moi ?* » dit la France aux gens de l'Opportunisme.

« — *Rien.* »

Entre rien et des sottises, elle choisit rien — s'y tiendra-t-elle ?

La lassitude de l'inaction est surlassante. On se noierait pour y échapper.

LETTRE LVI

Au même

Encore des programmes ! Je viens d'en lire. Sais-tu à quoi cela sert ?

Non.

Ni moi. Ce n'est toujours pas à l'élection.

Il y a de tout là-dedans : sciences, philosophie (par places, on dirait un concours de thèses), — du miel, du fiel.

De politique, pas un grain utile. Rien qui fixe l'électeur sur les actes futurs de l'élu.

L'Opportuniste ne parle que de tactique, et l'Opposant que de lois à faire. — Me voilà bien avancé.

M. Hervé ne veut pas d'octroi.

M. Hervé sera-t-il ministre des finances ?

Je ne le pense pas, et lui non plus. Mais alors que

veut-il que nous fassions, et lui-même que fera-t-il de son antipathie pour l'octroi?

Elle a juste autant d'importance que la mienne.

— Basly prêche l'impôt progressif.

Que vaut un impôt prêché, non voté?

Ni Basly, ni M. Hervé — même élus — ne voteront l'impôt.

Nos députés se prennent tous pour des législateurs. L'illusion est grosse.

C'est la Chambre qui légifère.

L'Opposition joue là-dedans le rôle du zéro dans les nombres. Elle donne valeur, et n'en a point.

Les valeurs vraies sont la majorité et les ministres — donc l'Opportunisme.

L'Opportunisme est et restera aux affaires. J'aimerais à savoir comme il en usera. Or, il n'en dit rien.

Avancera-t-il?

A moins qu'il ne recule.

Reculera-t-il?

Oui. Non. Pas un *non* qui tout de suite ne s'efface, et des *oui* atténués. Plus il parle, moins on devine.

C'est un mandat en blanc qu'il veut, et il le souligne d'équivoque.

— Les Opposants, de même.

Car ils ne cachent rien de ce qu'ils feraient au gouvernement où ils n'iront point.

Dans l'Opposition — où ils iront, si.

Ceux qui nomment des députés de l'Opposition ont deux objectifs :

Amener le gouvernement à composition et résipiscence, ou le jeter à bas.

Cela s'obtient de haute lutte, ou par tactique.

Demande donc à la Droite sa manœuvre, et aux Intransigeants quelle attaque ils mèneront.

De cela, ils ne soufflent mot.

Et c'est précisément ce que j'ai besoin de savoir.

J'en conclus que l'Opposition continuera à se tenir coi, et le Gouvernement à nous tenir le bec dans l'eau.

LETTRE LVII

Au même

« — *La France a la parole* ».

Sur quoi ?

Pas même sur le choix des hommes, que des comités — très fermés — se réservent.

— Le scrutin de liste a vécu.

Les listes — même d'opposition — s'officialisent. On les votera telles quelles.

Au lieu d'un nom, c'est un bloc. Ils sont sept, ou dix, emboîtés l'un dans l'autre, comme les syllabes du même.

Si un électeur s'avise de biffer, de retrancher, d'ajouter, il fera aussi bien de rester chez lui le 4 octobre.

Sa voix, d'avance, est perdue.

Je relève le symptôme, car il vient à son heure exacte — et sert de jalon, indique.

— Une chose encore s'en va : La foi aux meneurs.

Il ne reste qu'un ressort, celui des religions sèches : La discipline.

L'élection se fait sur cette plateforme unique :

A qui l'État ?

Sera-t-il de Droite ou de Gauche ? radical ou opportuniste ?

On a tourné le suffrage universel en cloche. Il ne rend qu'un son à la fois et, depuis quinze ans, le même : l'Opportunisme — avec des sonorités diverses.

Ce fut sourd avec Thiers, éclatant en Gambetta, un peu fêlé sous Jules Ferry.

« — *La France acclame donc les Opportunistes ?* »

— Pas tant que ça !

« — *Puisqu'elle vote pour eux ?* »

Il y a plusieurs façons de voter. Premièrement, le vote de pesanteur.

Ce pays-ci n'aime point la casse. Il scrutine Guizot à la veille de 48 et l'Empire en 70. C'est le vote dynastique, coté, prévu, dont chacun use à son tour, et qui ne tire à conséquence pour personne.

Les opportunistes bénéficient du vote de pesanteur.

Ils viennent se faire plébisciter.

Le vote est encore et surtout négatif. Ce pays, une fois de plus, répudie la Droite, et désavoue l'Intransigeance.

De l'Intransigeance il se défie, parce qu'il ne sait pas où elle mène... et de la Droite, parce qu'il le sait trop.

Les Droitiers sont des gens qui marchent à contre talons. Et il ne veut point aller à rebours.

Le bonnet radical lui agrée assez — du moins il faut le croire, puisque tant d'Opportunistes s'en coiffent — mais qu'est-ce que le radicalisme ?

Une chauve-souris, rat et oiseau.

Presque tous ses œufs, couvés en saison utile, donnent d'affreux petits Opportunistes.

Les autres se perdent dans l'Intransigeance ; celle-ci, dans l'Anarchie ; et les Anarchistes dans l'inconnu.

Or, il se peut qu'une nation soit jetée dans l'inconnu. Et nous le serons à bref délai. Mais elle n'y entre pas d'elle-même, et de son plein gré. Tant qu'il y a une motte de terre, le pied s'y retient. Voilà pourquoi on s'accroche à l'Opportunisme.

C'est le bout de corde tendu aux noyés. Tel quel, et dût-il casser, ils s'en saisissent.

LETTRE LVIII

Au même

Le duel à mort des Gauches et de la Droite :
1° Manque de netteté ;
2° N'a pas de but ;
3° Est superficiel, et au premier sang.

Chacun ne vise qu'à tourner l'adversaire, le déloger de l'État, et s'y installer.

Une fois là, on fait peau neuve.

Les farouches jettent leur défroque de bataille. Ils endossent une livrée spéciale, qu'on appelle l'esprit de gouvernement. Elle a servi aux devanciers, et servira aux successeurs.

Tout se réduit donc à ceci :

Qui porte la livrée avec le plus d'aisance et de naturel ?

Nos gens de Gauche ? ou ceux de Droite ?

« — *C'est nous !* » disent les Droitiers.

Je ne crois pas qu'ils aient tort.

Les Gauches eurent un but jadis, et très sérieux : supprimer la Monarchie ou transmission héréditaire de l'État.

C'est acquis.

L'attaque commença le 14 juillet 89, et prit fin le 10 août 92.

Elle a duré trois ans et vingt-sept jours.

Depuis lors le fait républicain persiste, en dépit de tous les intitulés de l'Officiel.

Le duel n'est pas net.

Car si la République vint tout de suite, les idées annexes et complémentaires de la République sont encore éparpillées.

Liberté, là et ici. — Egalité, ici et là.

Il y a, au même camp, des chocs irréductibles.

Et, d'un camp à l'autre, des affinités qui défient toute scission.

Par exemple : les Bonapartistes à Droite, et les Jacobins ou Gambettistes à Gauche, sont des ennemis de même sang.

« — *C'est Robespierre à cheval!* » disait-on de Bonaparte.

Gambetta fut un Bonaparte à pied.

La Gauche a, comme les Droites, ses libéraux et ses autocrates (1). Ils lèvent le même drapeau, et se l'arrachent des mains — irréconciliables et frères d'armes.

Ce choc intime brouille toute l'histoire contemporaine.

_____

(1) Nous eûmes trois dictatures — dont une républicaine. Et ce fut la plus raide.

LETTRE LIX

Au même

On reparle du choléra. — Et je trouve cette note, vieille d'un an :

Le choléra à Toulon ! coup de terreur ! la population s'affole !

Nos ministres sont ahuris, nient l'évidence.

On pousse à la fuite, et en même temps on s'efforce de concentrer l'infection :

« — *Que tout le monde s'en aille, et que le choléra reste !* »

C'est du pur *Tintamarre.*

Rien ne diagnostique mieux l'état de somnambulisme agité, dans lequel on tient le pays.

Nul intérêt ne l'occupe, — et pas d'œuvre !

Sans quoi on eût à peine entendu cette panique, qui a le plus ridicule retentissement.

Et que d'incidents grotesques dans ce deuil.

— Arrive le 14 juillet. Fera-t-on la fête ?

Non... oui... Les ministres arrivent à la faire, mais sans prendre de responsabilité.

L'Académie de médecine, à qui on ne demande point son avis, le donne. Et ce n'en est pas un.

14.

— Détail comique :

Les instituteurs de Toulon, qui n'ont plus d'élèves, vont, comme tout le monde, à la campagne. Grande colère ! On les force de rentrer.

On les mettra aux ambulances. De quel droit ?

Les instituteurs ont-ils cessé d'être bedeaux, pour devenir valets de ville ?

Se permettrait-on de mettre des magistrats ou des banquiers aux ambulances ? Non.

Des instituteurs, si. — Pourquoi ?

Sont-ils, comme les filles, hors la loi, *in manu ?* on les paie pour instruire des enfants, et non pas pour soigner les malades. A chacun son métier et surtout, s'il vous plaît, le droit de disposer de sa personne.

Autre chose : On découvre tou·····up, par hasard, que Toulon est un foyer d'in········.

Combien y a-t-il eu de maires à Toulon, depuis 1815 ?

Combien de préfets, maritimes ou terrestres ? d'ingénieurs et d'agents-voyers ?

Et comme tout ce monde-là était à son affaire, si personne n'a vu, avant le choléra de 84, que la ville était infecte ?

Ou, s'ils le virent, que ne le disaient-ils au Gouvernement ? Car, bien sûr, on ne le lui a pas dit. Le Gouvernement, depuis un demi-siècle, usa les millions à la file pour bâtir l'Opéra et subventionner des théâtres. Chacun sent que, si on l'eût tenu au courant, il aurait un peu grapillé sur ses plaisirs et assaini ce cloaque.

— En France, le Gouvernement sait tout, remédie à tout. On lui donne pour ça trois milliards par an, et il ne fait point d'économies.

Eh bien! ici, il n'a remédié à rien.

C'est donc qu'il n'a pas assez de trois milliards, et il faut lui en donner tout de suite un quatrième.

Ou il ne sait pas s'en servir, et on ferait bien de lui retirer les trois autres.

J'ai dans l'idée que si les impôts prélevés sur les Toulonnais, restaient à Toulon, il y a longtemps que Toulon ne serait plus un foyer d'infection.

Et la France n'aurait pas eu le choléra en 84 !

LETTRE LX

Au même

Une expression me choque, à force d'être impropre :

Les Comices du peuple.

Comices impliquent l'exercice solennel et effectif de la souveraineté.

Y a-t-il vraiment des comices, chez nous ?

Ni de forme, ni au fond.

On scrutine, je le sais bien. Mais l'acte est-il politique ?

Rarement. — Et, cette fois-ci, pas du tout.

Il est judiciaire.

Nos comices sont une façon d'assises. Il n'y a en jeu que des hommes. On traîne sur la sellette les tenants de l'Etat. — Ses intérêts, point. Ils restent derrière, très loin et repliés.

Est-ce l'avenir que les électeurs vont débattre et régler ?

Eh ! non. C'est le passé :

Tout en témoigne.

Les affiches et professions de foi nous parlent de demain. On passe à côté, sans les lire.

Sais-tu ce qu'on lit ?

La polémique. Car elle plaide — défend l'un, accuse l'autre. Cela surtout — et aigrement.

On a l'illusion de la barre, et que les douze jurés sont là, invisibles.

Lorsque l'électeur prend son bulletin, il perd de vue ses affaires, demain, les possibilités, le but.

L'accusation l'a remué, et les répliques.

Une énorme quantité de griefs le rendent perplexe.

De sorte que sa souveraineté, à l'heure même où il l'exerce, lui échappe.

Politiquer ! fi !

Ceci plus haut le presse : faire justice.

Et il condamne, ou absout, est plus que roi — prêtre, Dieu !

— Nous voilà en session de verdict.

Note que c'est la première, depuis 77. En 81, il y eut surprise. Le verdict fut escamoté par Ferry, qui donna un croc-en-jambe à la Constitution et aux habitudes.

Il fit voter avant le temps.

Autant dire, rendre un arrêt sans robe, ni huissiers — et dans les couloirs !

Cela ne compta et ne pouvait compter.

Mais, cette fois, on le juge.

Et les circonstances lui offrent cette chance rare — de faire défaut au verdict.

Dispensé, viendra-t-il ?

LETTRE LXI

Au même

Il est venu.

C'est d'un maladroit !

J'ai idée qu'on l'a poussé.

Ce coude du chemin, où il vient de tomber, lui était un si bon affût pour guetter et attendre ses tombeurs !

De deux choses, l'une :

Ils eussent fait comme lui, ou à l'inverse — de la stabilité, ou pas.

Si pas, il triomphait de leur émiettement. Et si oui, de leur chute.

Car stabiliser la Gauche est absurde. Une absurdité se tente. Mais on ne les réessaye point. La première fois, elles réussissent mal.

Et la seconde, pas du tout.

LETTRE LXII

Au même

Un mot de plus sur l'élection. Le champ est vaste.

Il abonde en points de vue.

On a tiré la Gauche au clair, et ce que de tout temps il y eut en elle : instabilité, division.

Son incohérence gouvernementale vient d'éclater, et de bout à bout.

Je l'avais dit.

Personne ne me fit écho — pas même Rochefort, Maret, qui, aussi bien que moi, le savent.

La réplique n'en saute pas moins — assourdissante — du fait actuel, conforme à celui d'hier, ou d'il y a cent ans.

On se chamaille d'une Gauche à l'autre. Elles se sont guillotinées, et s'envoient des coups de langue qui piquent dur.

Il y a de la bile après les salives.

La négativité des Gauches s'affirme, étale ses preuves.

Les chefs y aident, et ceux qu'on pousse au pouvoir : Ferry, Brisson.

L'ennemi n'eût pas mieux manœuvré.

La Gauche a deux plaies béantes : l'instabilité, la division. Chacun en mit une à nu. Ils posèrent le doigt dessus, en guise d'emplâtre.

Brisson concentre.

Ferry stabilisait — et aboutit à la panique du 30 mars.

La concentration de l'autre tourne au babelisme. Quantité de départements ont deux listes républicaines. Beaucoup en ont trois.

Est-ce conscient, voulu ? La division même peut être de tactique.

Ici, non — d'anarchie.

LETTRE LXIII

Au même

De plus en plus, la République est nécessaire.

Une fois ou deux peut-être, on essaiera d'en sortir. Mais il faudra y rentrer.

D'autre part, le gouvernement de la République par les Gauches est impossible. De jour en jour, son impossibilité éclate, et les contradictions qu'il contient l'asphyxient.

On y a mis la Droite.

Ce n'est plus un Gouvernement, c'est une bataille.

Qu'y mettre ?

Le pays.

LETTRE LXIV

Au même

On a défini la République : *Le Gouvernement qui nous divise le moins.*

Ce devrait être, et ce n'est pas.

Elle nous coupe en partis, et bien plus — se coupe elle-même.

Est-ce *parce que* République ?

Non, *quoique*. La démocratie tire d'elle-même, pour subalterniser les partis, une force que ni roi, ni aristocrates n'ont connue. Pas de groupe qui tienne contre tout le monde :

Mais encore faut-il que la République soit tout le monde !

L'est-elle chez nous ?

Eh ! non — Ni aristocratique. C'est ce qui produit le désarroi.

Nos partis n'ont pas de frein.

Chacun d'eux est tout — ou rien. Et il peut être tout.

D'où les compétitions acharnées, irréductibles.

LETTRE LXV

Au même

Deux forces s'effilochent :

Les réunions publiques et le journal — qui fit tant d'élections.

Cette fois, il n'essaie même pas. Et, pour masquer sa défaite, le journaliste subit les comités, ou même s'y affilie.

La réunion publique devient intenable.

Neuf fois sur dix, et à quelque parti qu'il appartienne, l'orateur est hué.

Ceci paraphe le décès du scrutin de liste.

On vient de le rétablir. Inutilité des lois, sans les mœurs !

Nos candidats sont coupés de nous.

Le public ne les entend pas plus que s'ils fussent muets — et lui, sourd. Car il eut pour truchements *le journal et la tribune.*

L'une portait haut.

Et l'autre, loin.

15

Ils avaient des grossissements qui allongeaient l'oreille des foules, et enflaient le maigre filet de voix de chacun.

Faute d'eux, l'énorme poussée n'est qu'un mouvement de caserne, stratégique et réglé.

Il a ses caporaux et ses sergents.

On scrutine avec précision.

Le vote n'est ni induit, ni séduit — ni violenté, ni escamoté. On lui a mis des ressorts. L'automate se perfectionne.

Et le Souverain s'évade.

LETTRE LXVI

Au même

Un autre fait énorme et caractéristique de l'élection en branle :

Paris passe inaperçu.

Cela dément tout le siècle.

Paris était à l'avant, toujours. Et la province — selon qu'elle fut en proue ou en poupe — pour ou contre lui se battait.

Il n'en est pas plus question cette fois que de Landerneau.

L'Opportunisme a isolé Paris.

Est-ce l'Opportunisme seul ?

LETTRE LXVII

Au même

Septembre.

La période électorale traîne et lasse.

On a hâte d'en finir.

Qui ?

Tout le monde.

Les ministres restent dans la tradition ; et d'eux, cela n'étonne pas.

De l'Opposition, si.

Elle en profitait pour se colleter avec l'Etat, lui jeter son vice au nez et le passer aux verges.

A l'heure actuelle, ils sont dos à dos. Elle ne s'use pas moins que lui : vieillote, édentée.

LETTRE LXVIII

Au même

L'Opportunisme se bat et se débat en désespéré. Ses gens ont réponse à tout.

Toujours la même ! — Et c'est une trouvaille.

Quoi qu'ils aient fait — ou manqué de faire — ils

établissent, pièces en mains, que l'Opposition en est la cause.

Ah! s'il n'y avait pas eu d'Opposition!

Ou s'il n'y en avait eu qu'une!

Ou si elles eussent été gentilles!

Vois-tu un général battu, et disant: « *L'ennemi me gênait* ».

... Ingénieurs et constructeurs lancent un pont dans l'espace.

L'un y est de ses matériaux.

L'autre — ce qui pèse davantage — de son plan et du contrôle exercé.

Une tempête survient; et le pont s'écroule.

A qui la faute?

« — *Au vent*, » dit tranquillement l'ingénieur.

LETTRE LXIX

Au même

Je sais de braves gens qui ne décolèrent point, et d'autres fort découragés.

Ce sont les désabusés de la politique.

« — *Elle nous tue*, » disent-ils. Et ils n'en veulent plus faire, ni qu'on en fasse.

Le politicien les effraie.

N'est-ce pas un microbe, le vibrion du prurit social ? Il vit de nous, de nos passions fermentées, ne songe qu'à ses intérêts.....

— A quoi diable veut-on qu'il songe ? Et quel besoin avons-nous qu'il n'y songe pas ?

Toute sociabilité part du *moi*. Toute morale y aboutit. Celle des affaires dit nettement :

« — *Sers autrui, en vue de bénéfices pour toi.* »

La politique est une affaire — celle en tête. Un politicien pense à soi, — et au pays, avec retour sur soi. Où est le mal ? et qu'y pouvons-nous ?

La politique ne se fait point toute seule, ni la guerre, ni une paire de bottes.

On ne dînerait pas sans cuisine, et il faut dîner.

... Je veux bien me passer de politique, si c'est possible. Qu'est-ce que la politique ?

L'art de vivre en société.

La racine du mal y est — mais celle du choléra est dans l'air. Et nous respirons quand même.

L'homme avisé use de la politique comme de l'hygiène, ne s'en assomme point, et suit discrètement la meilleure.

Si nous nous abstenons de politique, on nous en fera, et de pire. Ceux qui détournent le pays d'elle ont de mauvais coups en poche.

La crise actuelle vient du manque de Gouvernement... et d'Opposition. Car la Droite a beau offrir ses princes, personne ne s'en soucie.

Encore moins de subir les expériences de l'Outre-Gauche.

L'une et l'autre appellent la France au trou.

Et l'Opportunisme nous y mène.

Est-ce le moment de s'absenter?

Moins que jamais.

Lorsque tout va bien, à la bonne heure! Mais rien ne va. La politique courante est pitoyable. Il faut nous y mettre, et l'assainir.

Ne pas s'occuper des gens valides, soit!

D'un malade, si. Et tout de suite. Hâtons-nous.

LETTRE LXX

A un ballotté

5 octobre.

Eh bien! cher monsieur, voilà du nouveau. Que de choses depuis hier!

« — *La République des paysans!* » disait Ferry. Et *Jacques* lui décoche un coup de sabot.

Ce Ferry est trop littéraire. Il s'écoute parler.

Nos paysans, penchés vers la terre, écoutent le vent sec ou de pluie — rien autre. Les phrases ne vont point à eux.

L'acte, si. Et seul.

Qu'avez-vous donné aux campagnes?

Rien. — Ni Ferry, ni Gambetta, ni la Droite qui fut avant, ni Thiers.

Ils oublièrent le paysan.

Et c'est la première fois qu'on l'oublie, depuis 89.

La grande Révolution l'affranchit et le fit propriétaire.

Et lui, la voyant faiblir, fut inquiet. Mais Napoléon le tira de peine et légalisa ses titres de propriété et d'affranchissement. C'est par là surtout que valurent Marengo et Austerlitz.

Après vingt-cinq ans de guerre, l'invraisemblable Louis XVIII lui apporta la paix, et du coup fut restauré.

Le roi de juillet aussi fit du bien aux ruraux.

Il commença les routes et ouvrit des écoles. Aussi n'est-ce point le rural qui l'a renversé.

On leur donna ensuite le suffrage universel.

Qui?

Ils ont cru que c'était l'Empire. En fait, ce fut la République. Mais ils n'eurent pas le temps de s'en apercevoir. On menaçait de le reprendre. Et, par un mouvement tournant, l'Empire le leur rendit et le fit sien. Ce ne fut d'ailleurs que sa bien venue.

Il couvrit le sol de chemins de fer, et créa l'extrême mobilisation des richesses.

Vous seuls avez les mains vides. Rien dedans, ou presque : l'arriéré de l'Empire. Des bribes. La queue des chemins de fer.

Quoi encore? Des écoles — à grands frais, qui n'instruisent guère plus d'enfants, et aussi mal.

Disparaissez, et le paysan ne retiendra de vous

qu'une dispute de catéchismes, à laquelle il n'a rien compris.

Que de choses à faire pourtant ! rien qu'aux écoles et aux chemins.

Au lieu de récrépir hier, créer demain.

— Vos conventions Raynal après celles de Morny me rappellent ce que le bon Ducis tira de Racine : une copie plate, et un anachronisme.

Gambetta ici entrevit ; mais il n'eut pas le temps.

LETTRE LXXI

Aux Parisiens

Bravo !

Ceci écourte ma tâche.

Qu'ai-je à faire d'accumuler les témoins, si vous me jetez en riant la preuve ?

Vous blakboulez Ranc — et Rochefort, presque.

— Les deux chefs tombent côte à côte !

L'un passe dernier.

Et l'autre, pas du tout.

C'est la première fois que Paris vote neutre (1).

---

(1) La première, non. Déjà, aux élections communales de 81. Personne n'y a pris garde. Elles présageaient celles-ci.

LETTRE LXXII

A la nouvelle majorité

L'année 1885 est mémorable.

Elle marque l'échec virtuel de l'essai des Gauches.

L'État leur reste aux mains, fêlé. Pour combien de temps l'ont-elles ?

Je l'ignore. Et qui le leur enlèvera. Mais il n'y faut qu'une chiquenaude.

Les Opportunistes ont cru greffer un pouvoir de Gauche.

Voilà leur greffe arrachée, pendante.

Je n'ai jamais eu bonne idée des points de soudure.

La *Stabilité ! l'Union !*

Visiblement, c'était pris d'ailleurs, non poussé de la Gauche.

Et pourtant on crut à l'*Union des Gauches.*

On s'efforça de croire à *la stabilité des ministres.* Ils croulèrent le 30 mars. Et l'*Union* vient de s'effilocher.

Ça se ressoudra, dit-on.

Laissez dire.

Les pousses naturelles — même empêchées — reprennent.

15.

Mais ce qui était factice, une fois brouillé et en déroute, reste infertile.

Stabilité et *Gauches* s'excluent. Autant dire : *progrès* et *stabilité*.

La *stabilité* immobilise l'axe.

Et chaque *progrès* le déplace en marchant.

— La *stabilité* est de Droite.

C'est à Droite que vos chefs la virent, et ils s'engouèrent d'elle. Mais ils n'y avaient pas la main. Et voulant en jouer, ils l'ont cassée.

Ils la recollent.

Signe de détresse! Si elle eût poussé d'eux, ils ne seraient pas à en rajuster les cassures.

Ils la tireraient à nouveau des racines.

Surtout, ils n'eussent pas ramassé Ferry — tout mâché et boueux de la chute.

Peut-être, avec le temps et nettoyé, fût-il redevenu un facteur utile.

Au lieu qu'il encombre... Qu'en ferez-vous?

Se jetant aux jambes de ses successeurs, il empêche les pauvres gens de tenir.

Si vous le réinstallez, c'est pis.

Votre *stabilité* a sur la face une culbute fraîche.

Je sais bien que, sur la culbute, on ergote. Il y eut surprise, malentendu, affolement.

Eh! chers Messieurs, rien de plus grave!

C'est à l'effort des chutes que l'assiette se mesure.

Qui tombe de haute lutte n'est point déshonoré.

Mais, être lâché par ses amis !...

S'effondrer sur rien !...

J'avoue que voilà une *stabilité* digne de la Gauche, et qui ne dément pas mes pronostics.

— M. Ferry ressuscite trop tôt.

Ses plus chauds partisans ne peuvent voir en lui qu'une promesse non tenue, un mirage.

Il faillit être stable, mourut de santé, comme Louis-Philippe, et tout-à-coup. C'est la pire façon de s'en aller; car elle déconcerte tout le monde.

La *stabilité* à l'eau, on se rabat sur l'*Union*, plus ancienne, et tellement démodée que personne n'ose l'appeler de son nom.

L'ex-*Union des Gauches* se nomme aujourd'hui la *Concentration des forces républicaines*.

Mais attendez-vous à ce qu'elle ne concentre que la discorde.

Ce sera une bataille de tronçons.

Car chaque Gauche se coupe de sa tête et de sa queue. Elle veut survivre, avalant les autres ; et comme pas une ne fut, n'est, ne sera avalée, le tronçon reste tronçon.

A toutes, elles portent la République,—ou plutôt la République les porte.

Ce fut leur œuvre commune d'installer et de ratmener l'Etat républicain. Elles ne firent jamais que cela en commun.

L'*Union* est morte. La *Stabilité* rejoignit *l'Union*.
Et *la Concentration* ira rejoindre *la Stabilité.*

Lâchez l'Etat, avant que l'Etat ne vous lâche.

Songez-y !... une fois par terre, on n'abdique
plus. On est piétiné.

A quel clou branlant vous retenir? Est-ce à la foi?
O sceptiques!

A la charité ?

Vous vous la crachez d'un groupe à l'autre, en
bave haineuse, irritée.

Aux œuvres ?

Mais c'est d'œuvres surtout que l'Opportunisme
est vide. Il se fait gloire de toucher à rien, marche
au progrès par le *statu quo.*

— Ce fut du moins son idéal rêvé. Y atteint-il?

Pas même. L'homme est action. La vie aussi. L'E-
tat ou vie politique, de même.

Agir s'impose.

Qui n'agit pas, agit encore — et mal.

Les quinze années que l'Opportunisme a cru
perdre ou plutôt a cru gagner en nous les faisant
perdre, n'ont été perdues que pour lui.

L'ennemi seul, et d'autant, a gagné.

Car d'énormes fautes se sont accumulées, dont le
compte amer va maintenant se dérouler.

La nuée qui l'enveloppe se perce déjà de deux
points — très noirs, très aigus.

Le premier est au Tonkin, en Annam.

Vos chefs se félicitent et glorifient du Tonkin.

D'autres crient, afin que l'on tourne court et qu'on revienne.

Et enfin de respectables autruches s'interposent :

« — *Ne prenons plus et gardons. Peu à peu le morceau passera.* »

La France, que personne ne consulte, hoche la tête. Elle flaire un Mexique. Et du Mexique on revient, mais tard, — et pas sans honte.

Notre armée se meut là dans un guêpier à surprises. Le désastre est au fond. L'équipée de Lang-Son nous en a donné l'avant-goût ; et il nous reste sur la langue.

L'autre point noir est au dedans. Le Budget vient de crever.

Croyez-moi, n'y mettez pas d'emplâtre. — Il y a trop de milliards à cacher. Ça se voit à travers.

N'alléguez point vos dépenses scolaires.

On vous les reproche, et vous vous en vantez. Cent millions, je crois ?

Ou cent trente. Je les amincis peut-être, mais vos amis les gonflent tant! Nos oreilles en sont battues et rebattues. Était-ce utile ? Est-ce bien employé ?

Mettons que oui.

Ce n'est, après tout, qu'une goutte d'eau. Et, si elle déborde, c'est d'un vase trop plein.

Cent millions, si gros qu'on les enfle, ne sont que

la dixième partie du milliard. Et l'Etat suce des milliards: trois au moins, et, avec ses filles et filleules (1), cinq — le chiffre de Bismarck, qu'il prit en une fois ; et vous, chaque année.

Que pèse le budget des écoles, là-dedans? En plus, en moins, il n'y paraît guère.

— Ne dites pas non plus qu'il y eut le Tonkin, Tunis, et que c'est accidentel.

Tunis fut accidentel, peut-être.

Le Tonkin, non. C'est la rechute, dont on ne se relève pas. Il est collé à vous, et vous à lui.

Je sais bien que vous en sortirez ; mais pas de longtemps. Bien des milliards y auront passé.

Le Tonkin est devenu une dépense budgétaire, normale, endémique. Et si déjà les budgets en crèvent, ils resteront crevés, béants.

Mais ce n'est qu'une des crevasses. Il y en a tout autour. Car le budget est une marée montante et sans reflux. Qui ne le refoule pas, sera noyé.

— On ne le refoule qu'à coups d'audace. Et l'audace vous met en sueur.

Vous ne l'admettez qu'homéophatique.

La routine, à la bonne heure! *C'est opportun.*

Il faudrait s'entendre sur l'Opportunisme. J'ai peur que vous n'en sachiez pas la formule française.

---

(1) Communes, départements, grandes compagnies.

L'audace n'est jamais opportune, chez nous ; mais en manquer est la pire des maladresses.

« — *Il y a contradiction !* »

Pas du tout.

Ouvrez l'histoire. C'est signé entre les pages, et paraphé.

LETTRE LXXIII

A Eugène B......

MON CHER EUGÈNE,

L'élection est faite.

Résultat énorme, — et nul !

Les gens se décollent de l'Opportunisme, et tiennent après.

— On jubile à Droite. L'Outre-Gauche triomphe.

De quoi ?

Même en colère, le scrutin les repousse.

La France revomit l'eau tiède, et se refuse aux poisons.

Elle reste en asphyxie.

LETTRE LXXIV

Au même

« — *A qui l'État !* »

Le pays répond très net : « — *A personne !* » —
Et aucun de nos partis n'a entendu.

D'abord, ce n'est pas ce qu'ils lui demandaient.

Chacun d'eux eut compris que la France l'accla-
mât — et l'en eût même félicitée.

On encore, qu'elle lui préférât un de ses concur-
rents.

Il eut crié, et se fût soumis.

Mais qu'elle ne veuille d'aucun, ils ne l'admettent point. Cela sort du jeu.

Ils ne retiennent tous du verdict que ceci, indis-
cutable : l'adversaire a été battu. D'où ils concluent
à leur triomphe, et chacun avec la même bonne
foi.

L'Opportunisme officiel perd cent cinquante voix,
qui passent à droite, ou à des radicaux assortis.

Donc l'Opportunisme perd le pouvoir.

— Attends ! Écoute dire les autres.

La Droite reste à l'écart. Elle s'amuse à épeler les
trois lettres du mot roi. C'est inoffensif. Passons.

Le dialogue entre l'Opportunisme et l'Intransigeance est drôle.

« — *Sors de l'État,* » dit l'Intransigeance, « *tu perds 150 voix.* »

« — *Les gagnes-tu ?* » réplique l'Opportunisme.

« — *J'en gagne 50.* »

« — *Et les 100 autres ?* »

... Elles sont allées à Droite, et dès lors ne comptent plus.

C'est une erreur du pays !

—Erreur ou non, ce fut sa volonté. Nombre de départements ont passé de Gauche à Droite. Cent députés de plus protestent contre la Gauche en bloc ; et devant cet échec, le petit succès des radicaux — dans une escarmouche de Gauche à Gauche — ne pèse pas lourd.

Le cri : « *Inclinez à Gauche !* » semble cocasse au moment où la France renforce la Droite.

C'est ce que disent tranquillement les Opportunistes... Et ils attendent.

L'effervescence passée, on viendra à eux.

Ils sont et resteront l'État, parce que nul n'a la possibilité de l'être à leur place.

De sorte que l'élection plénière, tout en souffletant les Opportunistes, aura aggravé leur règne. A mesure que la France s'évade de l'Opportunisme, nous nous y enfonçons davantage.

Elle aiguille. — Nous contr'aiguillons.

LETTRE LXXV

Au même

On va en accuser tel ou tel homme — à tort.

L'Etat fut-il mal escorté ?

Non — mal assis.

— L'homme ne vaut que mis en place ; et il ne peut changer les milieux.

S'y adapter, oui. Sa force n'est qu'industrie. Un pilote ne refoule point l'énorme mer.

La supprime-t-il ?

Pas davantage... Il passe en barque.

— Ce milieu-ci est une nation exubérante.

Voilà un siècle qu'on la refoule à bras d'hommes. Il y faudrait des muscles d'acier.

Et nos gens ont peu de muscles.

Tiens-les pour fins, spirituels, intelligents, éloquents, instruits, honnêtes... et incapables de diriger la politique d'un pays de vingt lieues carrées.

Le nôtre en a trois cents sur deux cents. Et sa population est la plus explosible de l'univers.

— Que feront-ils d'elle ?

— Demande ce qu'elle fera d'eux.

De temps à autre, elle s'engoue d'un... et, en six mois, l'émiette.

LETTRE LXXVI

Au même

Janvier 1886.

M. le président Grévy a bouche close.

Ce mutisme lui sied — et au temps. — Les longs silences plaisent à l'ombre. Une parole y jette des trous de lumière. Ça inquiète.

Gambetta périt de trop parler. — Jules Simon aussi, et Jules Ferry ; Brisson même, si atone.

Il ne reste en pied que deux hommes :

M. de Freycinet, qui parle bas.

Et M. Grévy qui ne parle plus.— Il vient d'écrire.

Deux paroles ont coulé de sa plume sobre. L'une, sur la *République nécessaire*, ne le compromettra point. Elle réédite Thiers.

L'autre réédite Ferry. C'est moins heureux.

— Nous revenons à la *Stabilité des ministres*.

Te rappelles-tu ces dynasties égyptiennes qui n'ont que deux noms : les *Amenemhé* et les *Ousortesen ?* On va de l'un à l'autre, et on revient. Ce gouvernement-ci est de même.

Il y eut d'abord *Union des Gauches Ire*. Elle tint tant que la Droite eut barre sur l'Etat, refoulant les Gauches. À son tour, elle refoula la Droite, et mourut de sa victoire.

On la remplaça par *Stabilité ministérielle Ire*, qui creva le 30 mars dernier.

Union des Gauches II dite *Concentration des forces républicaines*, fut alors proclamée.

Et voici que déjà *Stabilité ministérielle II* montre le bout de son nez.

... Le bonhomme Grévy lui donne un coup de main.

Est-ce bonhommie, ou malice ?

Le locataire de l'Elysée a failli déguerpir. Et je parie qu'en cherchant bien, on trouverait la grosse du congé dans les poches de J. Ferry.

Une stabilité chasse l'autre.

Le vénérable président sait que la sienne est faite de l'instabilité de ses ministres.

Que veut-on dire par *stabilité ministérielle ?* Quel sens donner à ces mots magiques qui deviennent sacramentels ?

Un ministère est stable, ou il ne l'est pas.

L'est-il ? tant mieux.

S'il ne l'est pas, tant pis. Mais qu'y faire ?

C'est comme le vin de l'année qui est, ou n'est pas bon. Il ne le deviendra ni par conseil, ni par objurgation.

Je sais un moyen pour que le ministère dure.

Faites-le solide.

Cela suffit. Et, à défaut de ça, rien ne vaut.

D'où veut-on tirer cette solidité ?

Du pays ? ou de la Chambre ?

De la Chambre, n'est-ce pas ? Le pays gêne, plutôt. Or la Chambre, étant coupée en trois, s'agglomère mal.

J'ai indiqué un moyen: appeler au ministère, et par tranches, toute la Gauche.

Il y a aussi : les y mettre tous ensemble.

Rien de plus facile ! En Angleterre, pays à peine centralisé, le cabinet a des annexes qui englobent 25 à 30 personnes.

Il y a même des femmes.

Chez nous, qui crevons de pléthore administrative, les postes abondent. Je me fais fort d'en trouver trois cents, en dix minutes, et de très convenables.

Aime-t-on mieux ceci ?

Que tout député non réélu soit assuré d'une place de 15 à 20,000 fr. — Sous la seule et rigoureuse condition, qu'il n'ait jamais ébreché un ministère !

C'est très réalisable.

On le fait déjà, mais à la dérobée, en très petit — d'où inefficace.

Hors de ces formules, ou de quelqu'autre, empirique, les ministres continueront à tomber.

Et dire, dans un message, qu'au pays il faut la République — et à la République, la stabilité ministérielle, c'est proclamer, *urbi et orbi*, que la République est :

1° Indispensable.

2° Impossible.

LETTRE LXXVII

Au même

Du message, est sortie la déclaration.

Je l'attendais.

A une virgule près, je l'eusse écrite. *La stabilité* repêche l'Opportunisme. Il l'inventa ; elle le ramène.

Et en bonne compagnie !

Par elle-même, la déclaration ne jette point de feux. Mais un vif éclat lui vient de ses parrains.

Lockroy l'a signée. Clémenceau l'apostille. Henry Maret bat des mains. Et Rochefort, presque — l'œil inquiet, du bout des doigts, comme s'il craignait d'avoir à se les mordre.

Ah ! que voilà un habile homme !

— Rochefort ?

— Non. Freycinet. Il a l'Opportunisme sucré.

Ferry l'eut aigre, et mit l'Outre-Gauche dehors. Celui-ci la met dedans.

Y restera-t-elle ?

A vrai dire, j'en doute. — Que donna le Ferry ?

Des promesses, et rien.

Qu'offre le Freycinet ?

Rien, et des promesses. — Mais il les tiendra.

Laquelle ?

Et pourquoi pas tout de suite ? J'en sais une toute prête, annoncée, conclue : l'amnistie.

On l'a retirée, biffée — si facile, pourtant.

S'y opposent-ils ?

— Oui... Non... Ils passent la main.

Au pays ?

— A la Chambre, c'est-à-dire à plus impuissant, plus divisé, plus irrésolu qu'eux.

On lui renvoie tout : la séparation des Eglises et de l'Etat, l'équilibre budgétaire, les réformes sociales.

Le ministère étudiera, indiquera. — Il jalonne. Et la Chambre trace. — Quoi ?

Rien. — Ni elle, ni eux, ni personne.

A propos, et la révision de la Constitution ? Où a-t-elle passé ?

Invisible, escamotée. Elle était en tête et n'est plus même en queue.

.... Une question reste aiguë : le Tonkin.

La Chambre a statué ; les ministres exécutent.

Lâcheront-ils ?

— Pas du tout.

Iront-ils de l'avant ?

— Encore moins.

Quoi, alors ? — On verra.

Par exemple, ils épureront les fonctionnaires.

Eh ! voilà dix ans qu'on ne fait que ça ! La magistrature a été passée au crible, comme du blé sale.

Un point surtout est piteux : les finances.

Pas d'emprunt, ni de surtaxes !

— Et le déficit ?

— On fera des économies. Quelques sous-chefs en moins, et le budget se boucle.

Ferry était plus crâne.

Il reculait l'impôt, l'emprunt. Mais il l'avouait — et, les élections faites, l'eût osé. L'Opportunisme même se dégrade.

Après Gambetta, ce fut de l'eau tiède.

Sans les Gambettistes, il tombe à glace.

LETTRE LXXVIII

Au même

Ferry jetait l'Outre-Gauche pardessus bord.

M. de Freycinet l'annexe purement et simplement à l'Opportunisme.

« — *C'est adroit,* » me dit-on.

A peu près comme d'avaler un rayon de soleil.

Il passe au travers.

Brisson concentrait.

Ceux-ci coagulent. C'est le ministère de la coagulation des Gauches.

Encore une expérience à faire ! — Et après ?

LES 2/5 DE LA FRANCE

EN NON VALEUR

LETTRE LXXIX

A un jeune droitier

Tu es de Droite, mon garçon.

De laquelle?

Il y en a trois. — Une seule de front, et pour l'attaque. Trois, en profondeur.

D'abord celle qui ne finit pas de râler.

Hier encore, on disait : les légitimistes. Elle n'a plus de nom. C'est le passé.

D'où ses faiblesses — et sa force. Car, un peuple s'arrache mal du ventre ce qui a été vraiment ses entrailles.

L'Empire ne fut chez nous qu'essayé. On l'improvisa. L'Orléanisme, aussi.

La vieille Monarchie, pas.

Elle s'est façonnée de nous, au cours des âges. Et nous avons vécu d'elle.

Nos mœurs — par places — la regrettent.

Bien des gens s'obstinent à l'idée que ce pays

16

n'arrivera point à changer de peau, et qu'il mourra si on le met tout à fait hors de l'ancienne.

De là vinrent nos monarchies secondes.

Louis-Philippe et les deux empereurs se sont vêtus à la moderne et barbouillés de 89. Le masque en eux est révolutionnaire.

— C'est de quoi, pour un temps, ils vécurent.

Mais leurs attitudes singent la vieille Royauté, et ils se réclament d'elle.

— C'est ce qui les amène et ramène.

L'idée leur vint de l'absorber.

L'Empire, à deux reprises, y échoua. L'Orléanisme, par la mort d'Henri V, y croit être, n'y est point.

Ils sont complexes; et elle, simple. Or, au simple, le complexe ne peut s'identifier. S'en amalgamer? oui — et c'est ce qu'ils firent. Ils ne peuvent davantage, ni être la légitimité.

La légitimité sort du terroir.

Eux, non. Leurs mœurs et organismes sont exotiques (1).

— C'est ce qui les chasse.

L'Orléanisme est la Droite décevante.

Il déçoit les autres — et lui-même. Son principe est fuyant, insaisissable; ses allures, équivoques.

_____

(1) Importés d'outre-mer, d'outre-monts.

Il s'attacha aux Bourbons, à l'Empire, à la République — peu à peu les englue, fait d'eux une matière molle et sans saveur, semblable à lui.

On l'accuse de conspiration.

L'Orléanisme conspire peu, il dissout. — Traître ?

Non. Faux. Avec lui, pas de haute lutte ! des crocs-en-jambe.

Il n'abat personne et fait choir tout le monde :

1° Le trône — en août, juillet et février.

2° Les Républiques — en thermidor, brumaire et décembre.

Sa fortune et son discrédit s'expliquent d'un mot :

Il est trop fluide.

Individuellement, chacun va à lui et s'en laisse imprégner. Mais les masses lui échappent.

L'Empire est la Droite forte.

Les désastres ne l'usent point. — Coup sur coup, il nous mit en des catastrophes qui ne s'étaient pas rencontrées depuis quatre siècles dans notre histoire.

Nul ne les oublie.

On sait qu'elles vinrent de lui, et qu'elles en vinrent fatalement — une fois, puis deux, en aggravation, et que s'il sortait un troisième essai, ce serait pour aboutir à la même chute, encore plus bas creusée.

N'était cela, on l'eût rétabli. Pourquoi ?

— C'est que l'Empire agit.

Le roi, pas; ni la République.

Fais bloc des actes et du temps, depuis thermidor, quelle part eut l'Empire ?

Du temps — le tiers, à peine.

Et les neuf dixièmes de l'œuvre.

... C'est de quoi s'aperçut le clergé, si fin. Et il va à l'Empire. — De cœur ?

Non. D'instinct. Et comme au seul atout de Droite qu'il ait une chance de retourner.

— La chance, d'ailleurs, est minime.

Vingt départements de l'Ouest risqueraient une quatrième invasion. Ils sont si loin des Prussiens !

Les autres y touchent, en ont goûté et regoûté.

Et, de leurs mains crispées, ils s'opposent à l'Empire.

LETTRE LXXX

Au même

Le Bonapartisme est haïssable.

Que vise-t-il ?

Un guet-apens. A l'effet d'étrangler la République et de garroter le pays.

— Les cléricaux rêvent une vaste jésuitière.

Ce sont des grotesques.

Et ainsi de suite.

Toutes les Droites ouvrent sur l'heure actuelle un angle de divergence. Elles sont en anachronisme et bafouillent.

La Droite, aussi.

Le Conservatisme, non.

Tu vas me dire que le Conservatisme, c'est vous.

Et, en fait, tes amis usent et abusent de lui sans l'entamer, ni le compromettre.

— Le Conservatisme est un parti sérieux, considérable, considéré. Écoute le dire :

« — *Si justes que soient les revendications, il faut avant tout tenir compte des faits.*

Le passé fut ce qu'il fut, Il pilla, massacra. A quoi bon revenir là-dessus? De ce passé tel quel, est sorti le présent.

Et le présent a le droit de vivre.

Tous les intérêts existants sont sacrés au même titre.

La société offre à l'individu une part en rapport exact de ses ressources et de son activité.

A lui de se la faire !

Nous avons la liberté civile, l'égalité devant la loi; c'est le tremplin commun. Il ne s'agit que d'avoir les reins assez forts pour s'en servir.

Le pauvre d'hier sera le riche de demain.

Enrichissez-vous. »

On ne conclut jamais d'une façon plus pratique, plus conciliante, plus modérée.

C'est la doctrine ouverte des Conservateurs.

Ils en ont une secrète — et implacable, d'où sortent les répressions féroces :

« — *Le passé eut raison.* » se disent-ils; « *et l'égalité de justice est un rêve anti-social.*

Il y a des gens qui jouissent, et d'autres qui peinent.

On peut diminuer le nombre de ceux-ci, et leur intensité de misère.

Au-delà, rien à faire.

Il y aura toujours un dessous et un dessus.

Nous sommes dessus; restons-y. »

Ce *restons-y* est le nerf de vos luttes contre la démocratie.

Vous en tirez une force qui ne s'épuise point.

Et quant aux troupes, la Révolution a pris soin de vous les fournir elle-même, car du jour où elle creva les mailles imbéciles de l'ancien régime, l'homme de basse naissance put atteindre aux richesses et à la puissance.

Autant dire qu'elle les anoblit.

Tous ?

Non pas.— Les plus savants, les plus habiles, les plus forts — et en grand nombre.

Elle a écrémé la plèbe.

C'est de vilains surtout qu'est faite la Droite — si aristocratique, et d'autant plus.

Ils ont la proie aux dents, toute fraîche — et après vingt siècles de famine.

Ils en suceront le dernier os.

Certes, oui, ils respecteront les intérêts, et d'abord les leurs — ce qui est toute l'aristocratie :

... On a pour soi la loi vivante, passionnée, et l'Etat qui l'explique et l'applique.

Il ne reste aux autres que des lois muettes.

Le droit de tous est reconnu.

Les droits de quelques-uns sont privilégiés...

Cela met la Révolution en colère. Et à son tour, elle dévie de justice, parle de privilégier quelqu'un.

Qui?

L'écrasé, le faible.

C'est du pur donquichotisme. Et tes amis y trouvent leur troisième support.

— Les maladresses de la démocratie achèvent de renforcer les Droites.

LETTRE LXXXI

Au même

Après le Syndicat opportuniste, aucun parti ne dispose d'autant de voix que la Droite.

Le quart des cantons lui est acquis, et, dans les autres, de grosses minorités.

Jamais l'Opposition n'a réuni de telles masses, sans devenir aussitôt le Gouvernement.

Ici, non.

L'influence de la Droite sur le pays est en raison inverse du nombre de ses adhérents.

Elle n'a jamais été si loin du pouvoir.

Compacte, inentamable, elle reste en non-valeur — et avec elle, les deux cinquièmes du pays.

N'est-ce pas étrange?

Il y a là, sois-en sûr, une erreur lourde, de la tactique à rebours, l'équivalent d'un suicide que la Droite commettrait sur elle-même.

Oh! je sais bien ce qu'on dit :

— « *Bonapartistes et Royalistes la coupent en deux tronçons.*

Et les tronçons se tronçonnent encore. »

A cela, je réponds :

Coupures et tronçons ne nuisent qu'aux partis en possession de l'Etat.

Ils vivifient l'Opposition, lui sont une source de forces vives.

Et puis ces tronçons-ci ne coupent que la peau.

Il n'y a point, à vrai dire, de cassures, mais des membres articulés.

La Droite — manteau de couleur indécise et cléricale — tient tout, couvre tout. Sous ce manteau, toutes les Droites communient en une.

... Suppose qu'on étrangle la République.

N'importe qui ? Fût-ce Don Juan — le seul roi légitime, et, par là, le plus improbable !

Un seul et même vivat partirait à Droite.

Ton parti a l'unité de haine.

S'il périclite, c'est :

1° Par ce qu'il dit ;

2° Par ce qu'il manque à faire.

Il n'adhère point aux masses profondes du pays, s'en défie, les insulte.

Il crache sa haine à la République, la recrache encore, et toujours, ne parle aux gens que de chamberter l'Etat.

Crois-tu que ce soit le moyen de les attirer ?

La France fit des révolutions.

Elle en fera encore, si on ne l'assied.

Mais elle les fera à son corps défendant, et n'aime ni l'émeute, ni les émeutiers.

Etait-ce aux Droites de l'oublier ?

Nous vînmes à la République lentement, de sens calme et réfléchi.

Et, chaque fois, parce qu'on ne pouvait s'en dispenser (1).

— *D'autant moins, le pays tient à elle*, dis-tu

— Eh non ! d'autant plus.

De fait — et bon gré, mal gré — la Républio ie a duré quatre-vingt-quatorze ans.

Ramène-t on l'histoire d'un siècle en arrière ?

La Droite croit n'être sortie de monarchie que

_____

(1) Que faire au lendemain du 10 août, du 24 février, du 4 septembre ?

depuis seize ans. — Et l'avoir rétablie quatre fois :
en 1804, 1815, 1830, 1852.

Acclamée, oui.

Rétablie, non.

Le caractère essentiel des monarchies est la transmission héréditaire du pouvoir.

Où vois-tu l'hérédité depuis cent ans ?

Sur des feuilles de papier.

« — *Royauté, Empire* », dit l'*Officiel*.

« — *République* », répondent les faits.

Loin d'être héréditaire, l'exercice du pouvoir ne
fut même pas viager.

La transmission se fit par viols, escamotages et
révolutions. C'est la pire des Républiques.

Mais ce n'est pas du tout la Monarchie.

Quatre expériences répétées ont fini par convaincre les gens.

Et ceux qui s'acharnent à la cinquième, comptent
sur quinze ans de règne, au plus... une aventure,
suivie de culbute. Et la France sera éreintée d'autant.

Il n'y a pas de quoi la tenter.

Aussi est-elle rétive, butée. Elle vous prit en 71,
et, vous ayant pris, vous subit.

Le roi, non.

La défaite ne l'y put contraindre... Ni l'écrasement
de Paris... Ni l'Ordre moral I et II... Ni l'Opportunisme.

Rien ne l'amènera à essayer vos prétendants.

Tous ont servi, sont usés.

Il y eut deux Empires :

— Celui de la guerre et celui de la paix.

Il y eut deux monarchies : l'aînée et la cadette — l'une populaire, l'autre divine.

Henri V restauré nous replaçait-il en 1815 ?

Non. Mais tout de suite, et de plein pied, en 1830.

Avec le comte de Paris, nous sauterions à 48 ; et avec l'Empire, à 70.

C'est-à-dire au bout.

— Tu les vois jeunes :

L'Empire, dans ses promesses initiales.

La Royauté de juillet entrant aux Tuileries avec le peuple.

Les Bourbons apportant la Charte.

Tu es dupe du collège et de la fausse méthode, qui nous apprit l'histoire par la tête.

C'est par la queue qu'elle est instructive.

La tête est une résultante de ce qui a précédé, et ne sait rien de ce qui va suivre.

La queue conclut.

C'est en songeant à Cincinnatus et à Brutus (les légendes de tête), que les meurtriers de César ont tenté l'impossible.

S'ils eussent interrogé la queue : Marius, Sylla, Pompée, — ils se fussent tenus tranquilles.

Marengo, la Charte, Juillet, l'apaisement de 52 fécond en richesses, furent des faces et préfaces séduisantes.

D'accord !

Le pays y fut pris, et ne marchanda point son adhésion.

Et puis, de chaque, il eut le revers :

L'Empire aboutit à l'invasion.

Les Bourbons, à la guerre civile.

La Royauté bourgeoise, à l'immobilisme systématique et anémique.

C'est de ce bout, tourné vers nous, que nous les voyons.

Nos pères virent l'autre.

Et ce que je dis là est si vrai que les Droites même en témoignent.

Le gros des royalistes est-il orléaniste ?

— Nor.

Légitimiste ?

— Encore moins.

De la légitimité et de l'orléanisme ils désespèrent, se secouent d'eux comme de spectres, s'en échappent ou y tâchent.

La mort de Henri V les a jetés dans un gros embarras.

Quel nom va prendre le roi ? Louis-Philippe II ?

Hum !

Louis XIX ?

Pas si bête !

Ils ont imaginé Philippe VII.

L'héritier équivoque sur son titre de successibilité.

A qui succède-t-il ?

Aux Bourbons, ne peut ; à son aïeul, ne veut.

Il hérite de leur impopularité commune.

Et si quelque mauvais coup le porte au trône, il aura vite fait d'en descendre.

Les Bonapartistes, au besoin, y aideraient. Mais ils l'encouragent, le tenant pour inoffensif.

Et d'autre part, les meilleurs amis du roi font la courte échelle aux Bonapartistes, car ils les savent énervés.

Donc la Droite est — par fraction et contre elle-même — d'accord avec moi.

Je t'accorde et à toutes les Droites que l'une et l'autre Royautés, l'un et l'autre Empires, essayés en ce siècle, le furent avec l'assentiment et même l'enthousiasme de la grande majorité du pays.

Conviens à ton tour que les quatre tombèrent répudiés, en discrédit.

Une cinquième forme est-elle offerte ?

Non.

Le sera-t-elle ?

Ni demain, ni après.

— Et pourtant j'en entrevois deux, que j'aimerais mieux ne pas dire.

L'une te lèverait le cœur.

Et l'autre, de peur, affolerait tes amis.

En tout cas, il eut fallu les avoir trouvées avant de marcher ainsi, enseignes au vent, contre la République.

17

LETTRE LXXXII

Au même

La Droite voit très juste deux fois, et tout à coup n'y voit plus.

Juges-en.

1° Elle sait que le roi poussa spontanément en France, que ce fut un fruit du terroir.

2° Elle convainc la République de n'avoir été jusqu'ici qu'une greffe maladroite.

Sur ce double chef, tes amis sont implacables et restent invincibles.

On ne les réfutera point.

La Révolution de 89 est Française ; et la République, sa fille, non.

Pourquoi ?

Parce que la République — tout de suite — prit racine et pied hors de nous.

Elle oscille depuis, comme une bête ivre, roulant de parlementarisme en dictatures d'Etat.

De quoi elle bute.

— Et vous, avec.

Son oscillation est devenue la vôtre. Vous voilà aussi exotiques qu'elle. Chez vous aussi, il y a des dictatoriaux et des parlementaires.

Est-ce le roi de 87 qu'on songe à rétablir ?

Non. Ce n'est pas de quoi je m'étonne.

Mais que, si clairvoyants, ils ramassent à leur usage ce qui fait culbuter la République et les Gauches.

— Le Roy fut français, s'il ne l'est plus.

Il guérissait les écrouelles.

Et ceux que tu me présentes en ont.

Je ne veux pas de César. Et la France ne peut s'y faire. — Sais-tu ce que c'est ?

Un chancre latin.

Et ton parlementarisme, un ferment d'Allemagne. Il vient de la brume.

L'autre, des boues sanglantes.

Or, nous sommes d'un pays doux, à clair soleil.

Henri V s'adossa au véritable angle national.

Ce fut le dernier légitimiste — n'ayant pas de génie, mais l'instinct qui y supplée.

Archi-Bourbon, né de Français et de Française — il reste des nôtres et pur.

Ni le Parlement ni la dictature, après quoi courent affolés nos groupes de Droite et de Gauche, ne lui entrèrent dans l'esprit.

Ou, les apercevant, il en eut dédain.

Deux idées l'obsédaient... pôles à angle droit, dont il mesura la contradictoire :

1° Le Roy;

2° La Révolution.

Et derrière l'un ou l'autre, le peuple — que masquent les parlements et que la dictature étouffe.

La Révolution, c'est le peuple en acte.

Le Roy, ce fut le peuple en puissance — transfusé, incarné.

Double attitude du même fait!

N'importe laquelle des deux annule l'autre.

Il vit l'irréductibilité de chaque, et dit : « — *Je ne serai pas le roi de la Révolution.* »

Ni lui, ni personne!

LETTRE LXXXIII

Au même

J'avoue que de tout le siècle la Droite monarchiste n'a presque pas lâché les affaires.

Mais elle n'y entre que masquée.

Il semble que, le coup fait, elle ait honte.

Louis-Philippe installe la royauté de biais, comme un pis aller, et en l'excusant.

Napoléon le neveu, au lendemain de ses violences, et bien que devant lui l'on se tut, ne parle point d'Empire.

L'oncle, non plus. — De quoi se réclament-ils? De l'ordre.

L'Empire vint à la suite, et par les antichambres.

LETTRE LXXXIV

Au même

Ce n'est pas Louis XV qui transmit l'Etat à Louis XVI; c'est Capet, et de mâle en mâle.

En huit cents ans, pas de lacune,

Et, à partir du 10 août 92, pas de reprise.

Le dix août coupe l'hérédité. — Voilà juste un siècle, que nous sommes en République.

République nominale, à trois reprises :

De 92 à 1804 — de 48 à 52 — de 70 à ...

— Et République de fait, tout le temps.

Le Moniteur ou *l'Officiel* l'ont deux fois qualifiée d'Empire, et deux fois de Monarchie.

Mais rien n'appuie cette appellation.

Il n'y eut que des intentions royales ou impériales. Et très courtes, sans suite.

Nos aïeux eurent vite assez de Napoléon Ier.

On retapa à neuf ce qui restait des frères de Louis XVI — il fallut les réémigrer.

La France passa et rompit bail avec Louis-Philippe et les siens.

Nous nous rabattîmes sur Napoléon III et la 4me race. — Avant de passer au fils, on en eut trop.

— Il en fut d'eux comme avait dit Bonaparte, lorsqu'en 1804 il s'intitula *Empereur de la République française.*

Ils ont été Empereurs et Rois de la République.

L'Etat leur fut donné et repris — de leur vivant.

La race ne figura jamais que pour mémoire.

Et loin d'y être héréditaires, ils ne le tinrent même pas en viager.

Ce furent au net des chefs éphémères — ce qui est le propre de l'Etat républicain — avec étiquettes et promesses royales.

Car la promesse y est.

Le pays fit loyalement les essais, mais aucun n'aboutit.

Les recommencements même justifient qu'on ne se sentait pas en monarchie.

Et la chute, qu'on ne put s'y tenir.

Qui amena les chutes?

On a pris à partie : — 1º Le pouvoir, ses maladresses; — 2º La malice du peuple.

C'est là une vue hâtée et toute de surface.

— En ce qui concerne le peuple, s'il eût eu ce mauvais vouloir, il ne serait pas revenu quatre fois, coup sur coup.

Et les princes furent intelligents, à un degré rare. Ils passent la moyenne.

Louis-Philippe était fin, souple.

Louis XVIII, de même. Et le sot Charles X n'a

fait que donner une date à la catastrophe qui déjà courait sur eux.

— L'Empire ou Césarisme demande plus que de la finesse.

Il y faut une grande acuité de génie.

Elle ne fit défaut ni à l'un ni à l'autre Empereur.

Bonaparte et Napoléon III n'ont pas seulement assujéti leurs contemporains.

Ils les dominèrent.

LETTRE LXXXV

Au même

Cette République-ci est-elle viable?

Viable ou pas, elle vit — et survit. Elle a été gi sante quatre fois, en sept ans.

Sous les Prussiens...

Après la Commune...

Au 24 mai 73...

Et au 16 mai 77.

Est-ce tout?

Non. Elle s'est quatre fois empoisonnée, avalant Ferry pardessus Gambetta, Thiers pardessus Trochu.

Et de Trochu, ni de Thiers, ni de Gambetta, ni de Ferry, elle n'est morte.

Il faut bien que ça tienne à quelque chose — à ceci, par exemple :

La disparition des possibilités royales.

« — *Vive le roi !* »

« — *Vive l'empereur !* »

Où sont-ils ? En as-tu ? Montre-les.

J'entends un empereur qui tienne ensemble et des rois d'aplomb.

Le trône, passe !

Avec quatre morceaux de bois, on le refait.

Ce n'est pas tant le trône qui effraie, mais qu'il n'y ait rien à mettre dessus.

Ta monarchie vaut tout juste l'anarchie.

La voilà devenue aussi chimérique que l'Outre-Gauche.

Tes princes sortent du néant, et s'y meuvent.

Est-ce parce qu'il y en a trois ?

On le dit.

M. Thiers le disait. Il prit texte et prétexte de leur nombre pour les repousser.

« — *Trois têtes ! et il n'y a qu'une couronne !* »

Le mot fit fortune. Et tu t'en sers.

Il n'est que superficiel.

La cohue de prétendants ne nous gêne point.

— N'étaient-ils pas trois, après 48 ?

On en prit un.

En 99, il n'y en eut qu'un (le frère de Louis XVI).

On prit à côté.

La France choisit ses maîtres; et, au besoin, les crée.

Mais il n'y en a plus, ni rien de créable.

C'est le vrai motif.

M. Thiers s'en doutait un peu. Et, par politesse, il donnait l'autre.

LETTRE LXXXVI

Au même

La Droite ne peut rien — et on ne peut rien contre elle.

De l'un, je me suis convaincu.

Et je voudrais te convaincre de l'autre.

— Analyse les chances :

Elle en a qui d'ores et déjà lui sont acquises:

C'est : 1º l'échec inévitable, avoué presque, du gouvernement des Gauches.

Deux journées te mettent le cœur en joie:

Le 30 mars — le 4 oc'obre.

Tu en verras bien d'autres.

Elles vont suivre — à la file — de plus en plus réjouissantes.

La Gauche bute — et tu ris.

Mais après ?

Butiez-vous moins?

Le 24 mai fut une traînée de faiblesses; et le 16 mai, un ridicule pétard?

Revenus, vous buterez encore — et sans fin.

Pouvez-vous gouverner la République?

— Non.

La détruire?

— Pas plus.

La suspendre, comme en 1804 et 1852?

Pas même. — Avec qui?

Je passe à la chance n° 2.

Sauf l'hérédité du prince, on a tout gardé des monarchies vaincues.

Cet Etat-ci est empêtré d'agents qui le trahissent.

Veulent-ils trahir?

Quelques-uns, oui. — Le reste, pas. Et il trahit quand même, inconsciemment, ce qui est la plus sûre façon de trahir.

Notre République est tenue aux flancs par l'organisme de brumaire.

Elle ne sait pas s'en débarrasser et n'arrivera jamais à le manier. Car il sue l'Empire.

A tant de fonctionnaires hiérarchisés, il faut une tête.

— D'accord! Mais où la prendre?

Napoléon Iᵉʳ eut le génie; et Napoléon III, le nom.

Ils disparurent.

Gambetta s'offrit...

Quelques Bonapartistes déjà s'approchaient de lui, et le reconnaissaient.

Un hasard l'apporta — et l'emporta.

Allons-nous être à la merci du hasard ?

Ne dis pas qu'il reste des Napoléon.

Le premier fit une distinction très juste de sa famille privée et de sa famille dynastique.

La famille dynastique est morte. Et ce, en dépit de tous les senatus-consultes.

Les fidèles sont aux abois.

Ils courent en bandes coupées, comme une meute qui a perdu la piste. On va jusqu'à tirer de Napoléon V ou VI un profil clérical.

L'un force la légitimité.

D'autres l'oublient — et que, sans elle, il n'y a pas de descendance dynastique.

LETTRE LXXXVII

Au même

Tu ne renonces point.

As-tu quelqu'un ?

Non. Tu attends.

Oh ! je sais qui tu attends. Et je vais te le dire. Tu attends le général de la revanche.

Il disposera de nous.

L'entrée à Strasbourg, à Metz, ouvre Paris. Toute la France regarde au Rhin. — Hypnotisée, comme on l'a dit ?

Non. Mais énervée, impatiente.

Le premier qui passe par là, sera vu de partout. Toutes les âmes voleront vers lui.

Etre vu et aimé de tous !

Ne sont-ce pas les deux marches du trône ? Il n'y a plus qu'à s'asseoir.

« — *Ou à s'effacer,* » dis-tu, « *et à faire asseoir quelqu'un.* »

C'est ce dont tu te flattes et que je ne crois pas.

Se parjure-t-on au profit d'autrui ?

La trahison est assez lourde à porter pour que les épaules qui s'en chargent se tiennent hautes.

Trahir pour s'élever, soit !

Pour s'aplatir, non.

C'est peut-être chrétien, tudesque... Ce n'est pas français.

Et, quoi qu'en dise M. de Bismarck, il y a un honneur français qui diffère du sien.

Nous comprenons Bonaparte, Cromwell — pas Monk. Je ne sais pas ce que les Anglais pensent de Monk. Mais, chez nous, on le méprise.

Si le vainqueur des Prussiens rentre la couronne en tête, il sera acclamé quand même.

Mais qu'il l'ait aux mains, et l'offre à une de nos

altesses fainéantes, la France huera tout, maître et valet.

Il y a un précédent :

Dumouriez, Pichegru, agissant pour autrui, échouèrent. Bonaparte joua pour lui et gagna.

« —. *Soit !* » Tu te résignes au César inconnu.

Sera-ce la monarchie ?

Une première fois, on a pu s'y tromper. L'ancienne race était à bout, cédait le tour.

Mais après la nouvelle, une surnouvelle... l'idée dynastique s'effondre. C'est le bas-empire, la dictature en cascade.

Et tu ne vises pas ça. Ni la Droite.

Je t'accorde l'invraisemblable. L'homme travaille pour Orléans ou Napoléon.

J'accorde même l'impossible. Il réussit.

Voilà ta dynastie ressoudée ? Est-ce la tienne ?

Je le suppose.

Tu as ton monarque. Et je crains que tu n'en veuilles plus.

Quelle basse mine aura ce ramené, à côté de son rameneur.

Roi par la grâce d'un soldat !

Il y avait le droit de naissance et le droit de conquête. Ceci est neuf : Une conquête de seconde main, — par endossement.

De quel air va gouverner ce substitué ?

Tu n'en sais rien.

Ni lui, certes. Car il est *in manu*.

Le porte sceptre a un maître — plus qu'un maître : un créancier. Ce n'est pas d'émeutes qu'il rêve, mais d'empoignades.

Si le poing qui l'a soulevé de terre au trône, allait le rabattre du trône à terre ?

« — *Il en rognera la griffe.* » Le peut-il ?

Cette griffe est son trône même. Il est assis sur elle, ou sur rien.

Roi par une épée, il est pris dans ce dilemme :

Elle reste haute, et le subalternise.

Ou elle fléchit, et manque à le soutenir.

LETTRE LXXXVIII

Au même

Tu fais la moue ?

L'avènement civil t'agrée mieux.

Mais on ne passe point roi ou empereur, comme on passe sa chemise. Et un trône, fut-il civil, ne pousse jamais la civilité jusqu'à vous prendre dans ses bras.

Il y faut grimper, ou que le pays vous y porte.

Du pays, tu n'attends rien.

Tes amis l'ont eu dans les mains, et à trois reprises.

Lorsqu'il y est, il en sort.

N'y est-il plus, et si mal qu'il se trouve, il n'y revient pas.

— Qu'attends-tu de tes princes?

Entre nous, ils manquent d'élan...

Ce sont moins des prétendants que des prétendus. Je veux dire qu'on prétend pour eux, plus qu'ils ne prétendent eux-mêmes. S'ils poussent leur cri de guerre, c'est à huis-clos.

Tous leurs efforts ne vont qu'à faire obstacle à la République.

Ils la mettent en arrêt de vie, afin que d'elle-même elle tombe, prêts à sauter dessus.

Or elle piétine, ne tombe pas.

La République ne tombera que si on la pousse. Et c'est de quoi ils ne se soucient; ni personne de leur suite.

Je ne les blâme point.

Le risque est gros; la chance nulle.

Car d'eux la France n'a que faire. Et ce qu'elle réclame leur échappe.

Que lui offrent-ils?

— *Le Droit monarchique?*

Il a servi, fut excellent, est hors d'usage.

— *La stabilité?*

On ne croit plus à celle du roi, depuis le 24 février 48.

L'Empire se défend mieux contre la rue. Mais

l'invasion est au bout. En 70, on vit les deux, invasion et Révolution.

— *La garantie des intérêts*? — A qui le prince l'offre-t-il?

Aux classes hautes — privilégiés de tout poil, une très mince part de nous.

Ah! Si c'était l'autre!

Si c'étaient les gens maigres et innombrables, petits bourgeois et menu peuple, dont il fut le soutien!

Tu le verrais vite debout, et indestructible.

Suppose un homme très en pied — et que violemment il refoule la Droite, et les Gauches droitières.

Ne perds plus cette homme de vue.

Il sera le maître que la Droite attend.

Celui qui nous rassasiera de pain et désaltérera de justice, attirera les foules à sa suite.

D'un irrésistible élan, elles lui mettront l'Etat aux mains — et entier, absolu.

Nous allons peut-être à l'homme des pauvres.

La logique le dit. — Car cela seul n'est pas revenu.

Le reste, si.

— Que fut Louis-Philippe?

La contre-épreuve des Bourbons. — Et Louis-Napoléon rééditait Bonaparte.

Il échoua de même. La série est close.

Robespierre n'a point été réessayé.

C'est son tour.

As-tu envie de ce prince-là?

J'en doute.

Car la justice et le pain qu'il promet aux foules
sera pris de ton bien-être, de tes privilèges ro-
gnés ou éteints.

« — *Une fois en haut,* » dis-tu, « *il me reviendra.
C'est par les pauvres qu'on monte, et par nous qu'on
s'assied.* »

Tu penses à Louis Bonaparte qui retourna sa
casaque.

Ce fut expédient, et ne l'est plus.

Par vous, on ne s'assied pas; on croule.

Du tyran qui s'étaie à Droite, je fais des risées.

Mais si, cramponné aux bas-fonds, il ne les lâche
plus, c'est l'homme des pauvres. Crains-le.

LETTRE LXXXIX

Au même

Il y a pis que l'homme des pauvres...

Pas de fausse honte ! et laisse-moi tout dire.

Sais-tu où tu vas ?

A l'homme allemand.

Cela te met le rouge au front — à moi aussi. Et
j'en parle très vite.

Il le faut bien. Car si la Droite ne rentre pas, à

bref délai, dans le giron du pays, ce sera une des possibilités de l'époque.

Ton roi ne règnera que de deux façons :

Par un général victorieux qui lui passe la main — ou par l'Allemagne.

Tu vas te récrier. Et bien plus de ce que j'ajoute.

Le 2° cas te fait horreur.

Mais le 1er te sourit. — Or, comme il est chimérique, et, même réalisé, serait instable, tu es fatalement réduit à subir et désirer l'autre.

Ne prends cela, à aucun degré, pour une injure.

Il n'y a pas d'injure dans les déductions logiques.

La Droite ne manque pas plus de patriotisme que les communistes ne sont des voleurs.

Tout parti, pris en masse, a droit au respect.

Ils défaillent d'esprit, plus que d'âme.

Nos Jacobins saignèrent — de la multitude des guillotinés. Et, de Blucher, la Droite eut mal au cœur.

C'est même le patriotisme qui donne la force de porter de pareils coups à la patrie.

Tu crois les rois indispensables. — On t'en donne. Qui ?

N'importe ! Tu dis merci à nos pires ennemis.

Cela s'est vu — et peut-être se reverra. Pas de la même manière.

« — *Les circonstances étaient exceptionnelles !* »

D'autres se produiront, tout aussi exceptionnelles, et autrement.

L'histoire ne copie point. Mais elle réédite à nouveau.

Vois-tu ce monarque importé, cette monarchie
dite nationale, à base de conquête étrangère.

L'importateur sera l'Allemand. Seul?

Non. De compte à demi avec les réactionnaires.

Lequel aimes-tu le mieux du garde-chiourme, ou
du vassal?

Il répond — ici — de notre bras coupé.

Et là, de notre cerveau éteint — y aide lui-même,
surveille la fumée, étouffe l'étincelle.

A ce prix, il sera solide. — En veux-tu?

Solidité éphémère d'ailleurs! car elle suppose la
France sans réveil.

LETTRE XC

Au même

Précisons bien.

Te conseillé-je d'aller à Gauche?

Pas du tout.

Tu es Droite, reste Droite.

La Droite est un facteur national au même titre que les Gauches.

Par les coups qu'elles se portent l'une à l'autre, Gauches ultra et en deçà, Droites plénière ou partielle s'équivalent.

Et le paquet ne vaut pas cher.

Que, de leur règne exclusif, dieu et le diable nous préservent!

Elles rompent la France une.

L'unité d'un grand pays se rompt de différentes manières :

1º Il y a d'abord le morcellement — procédé facile, habituel. On l'appelle *fédéralisme* et personne chez nous n'en veut.

L'autre façon est plus savante, ne divise point.

Elle ampute, supprime.

C'est la vôtre.

Alternativement, vous vous jetez sur la Gauche pour l'étouffer;

Et la Gauche, sur vous.

Ce qu'en vous elle tuerait — et vous, en elle — c'est une part de la France.

Toute la France veut vivre.

L'Etat ne sera d'aplomb que lorsqu'il ne rejettera aucun des facteurs nationaux.

Et je n'y vois que deux hypothèses :

Ou le règne simultané des Gauches et de la Droite — ce qui, par l'énoncé même, est absurde.

Ou la Nation-Etat.

Adhère à la Nation.

En vérité, plus j'y réfléchis et moins je comprends que, toi et les tiens, vous vous en détourniez.

Je m'explique l'hésitation des Gauches.

Elles sont l'Etat — ou presque, se figurent l'être, et ne le furent guère.

Vous si — tout le temps.

J'attends qu'elles soient rassasiées... vous l'êtes... désillusionnées — ne l'êtes-vous pas ?

Que reproches-tu au pays ?

J'admets ta haine — et celle réciproque de la Gauche contre toi, qui veux l'arracher.

Y atteins-tu ?

— Non.

D'où vient l'obstacle ?

— Du pays.

Elle s'efforce d'extirper toi et les tiens ?

Extirpe-t-elle ?

— Non.

Qui l'en empêche.

— Le pays.

La France est votre mère commune. Elle entend ne renoncer à rien d'elle-même.

Et c'est d'elle que tu te défies !

LETTRE XCI ET DERNIÈRE

Au même

Mais tu te fies à la force.

Tes gens ont une idée fixe : le coup d'Etat.

Toute la Droite y croit et l'attend.

Ils n'espèrent qu'en lui et se flattent que chaque violence leur profite.

... Fût-elle révolutionnaire !

« — *La Révolution sème*, » disent-ils, « *et nous récoltons.*

Le peuple fait maison nette.

Les Conservateurs entrent avec lui, ou derrière, et le mettent à la porte. »

Voilà ce qui se dit et ce que tu dis. Si tu ne le dis pas, tu le penses.

L'histoire le dit-elle ?

Un peu de statistique va nous l'apprendre.

En 1832, l'Etat vacillait.

On l'équilibra en tuant quelques ouvriers à Paris et à Lyon.

— Il y eut cette année-là deux fléaux :

Casimir Périer et le choléra.

Le choléra n° 1, le type, l'ancêtre des choléras.

Et le sauveur n° 1, le typo, l'ancêtre des sauveurs.

Les deux fléaux se colletèrent.

Le choléra emporta C. Périer. Mais pas assez vite. Après.

L'œuvre était faite...

Une œuvre de mort, s'il en fut, et géante.

Le sauveur terrassa la Révolution.

L'avait-il tuée ?

— Non, baillonnée et garrottée pour un temps.

Qu'avait-il tué ?

— La Monarchie. Définitivement et pour toujours... dans sa formule de juillet — la dernière possible en France.

Cet homme têtu n'eut qu'à étendre le bras, pour faire éclater huit siècles.

Rien de grand en lui du reste, qu'une prodigieuse myopie d'esprit.

Il vint à l'heure juste, et restera célèbre.

— On lui éleva un monument.

Où ?

L'instinct ici fut merveilleux.

Ce fossoyeur, mort de la peste, a sa statue dans un cimetière.

C'est de là qu'il fascine les fossoyeurs de l'avenir.

Il en a couvé trois, en un demi-siècle :

Cavaignac.

Louis Bonaparte.

Et *Thiers.*

Suivons-les à la piste.

En juin 48, on massacra et déporta quatre mille insurgés.

Nous voici loin de la fusillade de Saint-Merry.

Attends!

— En décembre 51, et malgré la récente saignée de juin, on dut *nettoyer* la France de quarante mille hommes — sans parler des fournées complémentaires.

Cela se corse, n'est-ce pas?

Descends encore vingt ans.

— Après la Commune, cent mille Parisiens ont disparu.

On en fusilla à peu près trente mille; le reste creva en prison, fut déporté, ou s'évada.

— Récapitule :

Quelques têtes, en 32.

En 48, quatre mille.

En 51, quarante mille — le décuple.

En 71, cent mille, et rien qu'à Paris.

C'est au bas mot un demi-million d'hommes, de femmes et d'enfants, que devra balayer, par toute la France, le fossoyeur encore inconnu qui s'avisera, un jour ou l'autre, de sauver la société.

Réussira-t-il?

Où trouver les bourreaux de tant de victimes?

J'admets qu'il réussisse et que celui-là aussi inscrive son nom sanglant sur les bottes de C. Périer.

Et après ?

— Ce sera le million. Car la Révolution ne fléchit point.

Et la Réaction s'exaspère.

Casimir Périer, qui se croit libéral, s'appuie sur la garde nationale de Paris.

Cavaignac, qui se croit républicain, appelle les départements.

Louis Bonaparte, qui se sait despote, use des soldats et de la police.

On recule. — Et, de plus en plus.

— C. Périer eut plaint Cavaignac. Cavaignac a eu horreur de Louis Bonaparte.

Thiers aussi.

Et, lui succédant, il le dépassa.

Tes gens dépassent Thiers.

... Tout, jusques et y compris 51, se passait en famille.

La police de Maupas a des mains françaises.

De 32 à 70, pas une ligne, pas un mot, qui fasse allusion à la réserve européenne. Le Conservatisme gardait ses frontières.

Nous n'en sommes plus là.

On n'appelle point l'étranger, mais on crie très haut qu'il pourrait bien venir.

Chose triste à dire ! Bazaine n'est pas un traître pour tout le monde.

18

Tel répugne au crime, et se consolerait qu'il eût été commis.

C'est déjà plus qu'une pensée.

Il y a eu commencement d'exécution.

La répression de mai 71 ne fut point nette de l'étranger.

Ses obus n'y sont pas — sa présence, si.

Et ses complaisances.

Thiers se fût coupé la main plutôt que de s'allier aux Prussiens. Mais il se servit d'eux.

1° Leur occupation paralysa la Commune.

2° Ils renvoyèrent d'Allemagne — avant délais — l'armée aigrie qui viola Paris.

Ce petit bourgeois très patriote ne comprit pas qu'il fallait éviter à des Français, vaincus de la Prusse, d'être les vainqueurs de leurs compatriotes.

— On a reproché à la Commune sa révolution devant l'ennemi.

Que dire de Thiers qui provoqua et poussa à fond la guerre civile?

Et note que la Commune est complexe, anonyme. L'élan part des foules, spontané, inconscient. Il ne dépendait de personne de l'arrêter.

Gambetta n'y était point, Rochefort, non plus.

Ranc en sortit.

Flourens fut tué. Et l'aventure continua, — avec des inconnus, toute seule.

Au lieu que Versailles ne tint que par Thiers.

Si Thiers eut dit : « *je m'en vais* » ou ne fut pas venu, l'assemblée se dissolvait comme un morceau de sucre dans un verre d'eau.

Seul, il a déclaré la guerre civile.

Il doit en porter seul la responsabilité et de ce qui s'y fit — avec cette circonstance atténuante qu'il a agi en toute conscience et honnêteté.

Il fit le mal voulant le bien, comme après 48.

Toujours la fascination de C. Périer !

Thiers se crut un sauveur.

Et qu'est-il ?

Ce que furent les autres : un fossoyeur.

Après Louis Bonaparte, Cavaignac et Périer, il terrassa la Révolution.

Mais pour un temps. — Elle revivra.

C'est autre chose qu'il a tué. Et, comme ses anciens, ce qu'il voulait sauver.

Et le plus curieux est qu'alors cela pouvait être sauvé :

Après, non.

La question posée, en 32, était celle-ci :

« *— Un roi et la Révolution peuvent-ils vivre côte à côte ?* »

Beaucoup de gens disaient oui.

Et ils avaient raison de le dire. Une suite de hasards avaient fait de la maison d'Orléans un des noms de la Révolution.

La popularité du roi de juillet fut immense.

Mais il fallait rester le roi de juillet, et ne pas devenir une bande de chauve-souris, criant à gauche : *liberté !* et à Droite : *Bourbon !*

La Droite se moqua d'eux.

La Gauche les envoya rejoindre Charles X.

Et ce qui était possible alors — *une royauté républicaine* — ne le sera plus jamais.

Casimir Périer a donné le coup de pioche.

En 48, la Révolution renonce presque à la politique, se fait sociale.

Il s'agit d'organiser le travail.

Le peuple ne demande pas à entrer dans l'Etat. Il le laisse aux gens riches, aux classes lettrées.

A une condition pourtant.

C'est que l'Etat se souvienne des ouvriers, et fasse de leur bien-être, ou plutôt hélas ! de leurs misères, la plus longue de ses préoccupations.

La formule eut été :

« *Par les bourgeois — et pour le peuple.* »

C'était encore un compromis !

L'orientation de l'Etat changeait. Ses détenteurs, non.

Et tout fut allé de leur pas.

— Le compromis les exaspéra et qu'on se fut permis de le leur offrir.

Ils l'écrasèrent dans le sang et peuvent être tranquilles. Car ils n'en entendront jamais plus parler.

Cavaignac a creusé la fosse.

Cette fois le suicide des classes dirigeantes fut si net que la catastrophe vint tout de suite.

Le scrutin du 10 décembre 48 leur signifia congé.

L'Empire était fait !

Le vote présidentiel fut un acte de foi — l'élan de six millions d'âmes vers une.

Juillet renaissait sous cette devise :

« *La République Napoléonienne* ! »

Louis Bonaparte ne comprit pas. — Et, au 2 décembre 51, il mit la devise en pièces.

Nous sommes restés dix-huit ans sur le carreau. On vota sous la botte. Les six millions de suffrages se retrouvèrent. Mais on cessa d'acclamer, et pour toujours.

Les frères Morny ont enterré l'Empire.

Vint 70, et dès que la guerre fut finie, chacun vit tout de suite l'avance que Périer, Cavaignac et Napoléon avaient donnée au populaire.

Paris réclama pour les travailleurs une place dans le gouvernement.

L'exigeait-il si grande ?

Non, petite.

La Commune en témoigne ; elle fut peuplée de journalistes.

— C'était facile à accorder, et peu dangereux.

On préféra anéantir Paris.

La formule communaliste disparut. Et, comme on n'a rien mis à la place, parce qu'il n'y avait plus rien à mettre — ni *Orléans*, ni *Bonaparte*, ni *classes dirigeantes* — on est en l'air.

L'Etat resta accroché à Thiers, à Gambetta, c'était peu — puis, à Ferry, ce n'est rien.

Ça ne vit guère, et ça dure — jusqu'au cahot.

Tardera-t-il ?

Je ne crois pas. Et toi ?

Tout le monde l'attend — et tout le monde, du même côté.

On sent venir les gens d'en bas, le populaire.

J'aime mieux dire le peuple — mot plus large, qui nous contient tous.

C'est mêlée au peuple que la bourgeoisie reprendra valeur.

A l'écart de lui, non.

Ni au-dessus.

Il n'y a plus de chef possible.

Le pays gouvernera — ou, comme en ce moment, personne.

Les hautes classes y ont échoué.

Les moyennes, aussi.

Et, de sélection en sélection, l'on en vient à appeler les basses.

Tu ne veux pas de l'essai.

Ni moi.

Il s'agit de l'éviter.

Or, nous ne l'éviterons qu'en mettant au gouvernail le pays entier.

Ce ne sont ni tes amis ni les miens qui ressusciteront l'aristocratie.

Des miens, je le sais.

Des tiens, sache-le.

Notre aristocratie d'Etat est allée rejoindre les vieilles lunes.

Etait-elle née du terroir?

Point.

Il y répugne... L'époque, aussi.

— Fais ton deuil des classes dirigeantes

Elles boitaient tout le temps, et n'ont plus de jambes. A terre?

Plus bas !

Eu terre?

Pis. — Recouvertes.

Et Thiers a scellé leur tombe

FIN.

TABLE DES MATIÈRES

Préface :

   Lettre d'Henry Maret.................... **v**

   Au lecteur............................. **IX**

NI A DROITE, NI A GAUCHE! — Lettres (I-XI) à
Henri Rochefort........................... **1**

QUE FAIRE ALORS? — Lettres (XII-XVIII) au
même................................... **44**

A PROPOS DE L'HOMME D'ÉTAT... — Lettres
(XIX et XX) à Eugène B...... .... **75**

L'OUTRE-GAUCHE. — Lettres (XXI-XXX) à Henry
Maret................................... **93**

RÉPONSE A UNE MISE EN DEMEURE. — Lettres
(XXXI-XXXVI) à Eugène B...... et Henry Maret **136**

LE MOULE A FAILLITES. — Lettres (XXXVII-LIV) à un Gambettiste............................ 158

NOTES PRISES AU VIF D'UNE ÉLECTION. — Lettres (LV-LXXVII.) à Eugène B......, à un balloté, etc.................................... 235

LES 2/5 DE LA FRANCE EN NON VALEUR. — Lettres (LXXIX-XCI) à un jeune Droitier...... 277

FIN DE LA TABLE

Paris. — Imp. N.-M. DUVAL, 17, rue de l'Echiquier

www.ingramcontent.com/pod-product-compliance
Lightning Source LLC
Chambersburg PA
CBHW050458270326
41927CB00009B/1809